「沖縄人スパイ説」を砕く

私の沖縄戦研究ノートから

沖縄戦研究者・作家
大城将保

高文研

◆もくじ

第Ⅲ部　沖縄戦の研究ノートから

装丁：商業デザインセンター・増田 絵里

第Ⅰ部

沖縄戦はどんな戦争だったのか

1　アジア太平洋戦争と全島要塞化

アジア太平洋戦争の緒戦で破竹の進撃をみせた日本軍も、四二年六月のミッドウェー海戦の大敗を転換点として米軍を主力とする連合軍の反撃のまえに、連敗をつづけて後退しつつあった。主力空母群と多数の航空機と搭乗員をうしなった日本は、中部太平洋において制空権と制海権をうしない、四三年二月のガダルカナル島の悲劇的な撤退へとつながっていく。

一九四三（昭和一八）年九月、日本の戦争指導部は、戦局の劣勢を挽回すべく、千島から内南洋、ビルマにいたる線内に戦線を縮小し、これを「絶対国防圏」として死守する戦略を立てた。しかし、戦局は予想よりも早く悪化の一途をたどった。一九四四（昭和一九）年二月、米機動部隊は日本海軍の中枢基地であるトラック島に奇襲攻撃をかけ艦船と航空機に壊滅的な損害をあたえた。絶対国防圏の最前線に位置するマリアナ諸島（サイパン、テニアン、グアム）も風前の灯となった。これを支えるために台湾から南西諸島にいたる

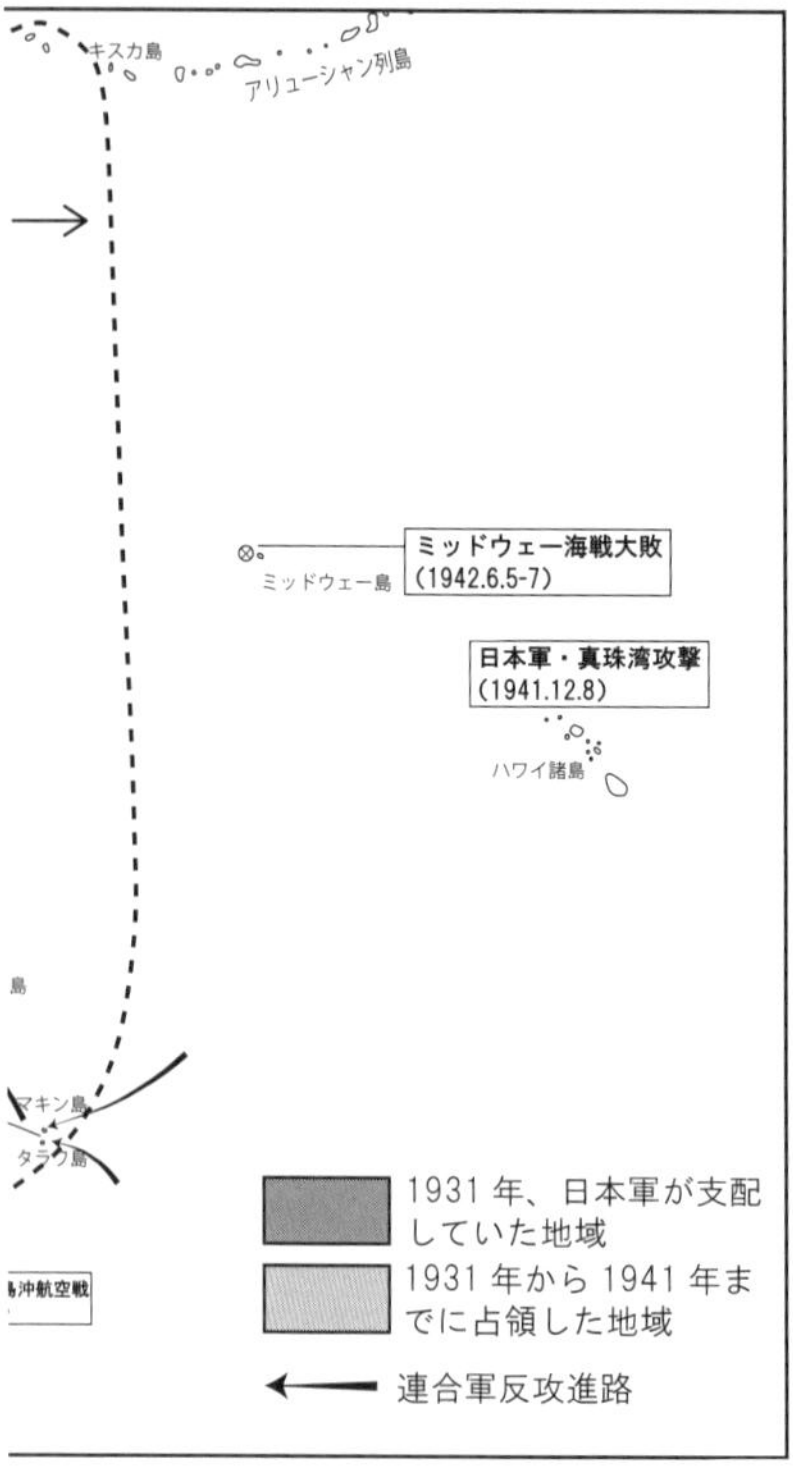

位置に、強力な航空基地を建設する計画が浮上してきた。

四四年三月、大本営《だいほんえい》は戦局の窮迫に対応して新たな作戦方針「十号作戦準備要綱」を策定した。新作戦は、「日本本土と南方圏を結ぶ交通線を確保するために南西諸島に十数個の航空基地を建設し、これを防備するために第32軍を新設し配備する」というものであった。作戦準備は航空戦力が主で、地上戦力は従という位置づけであった。沖縄は航空基地として戦略的に重要な位置にあることが認識されたのである。

新作戦方針にもとづいて沖縄守備軍第32軍（軍司令官・渡辺正夫中将）が新設され、四

連合軍の反攻ルート

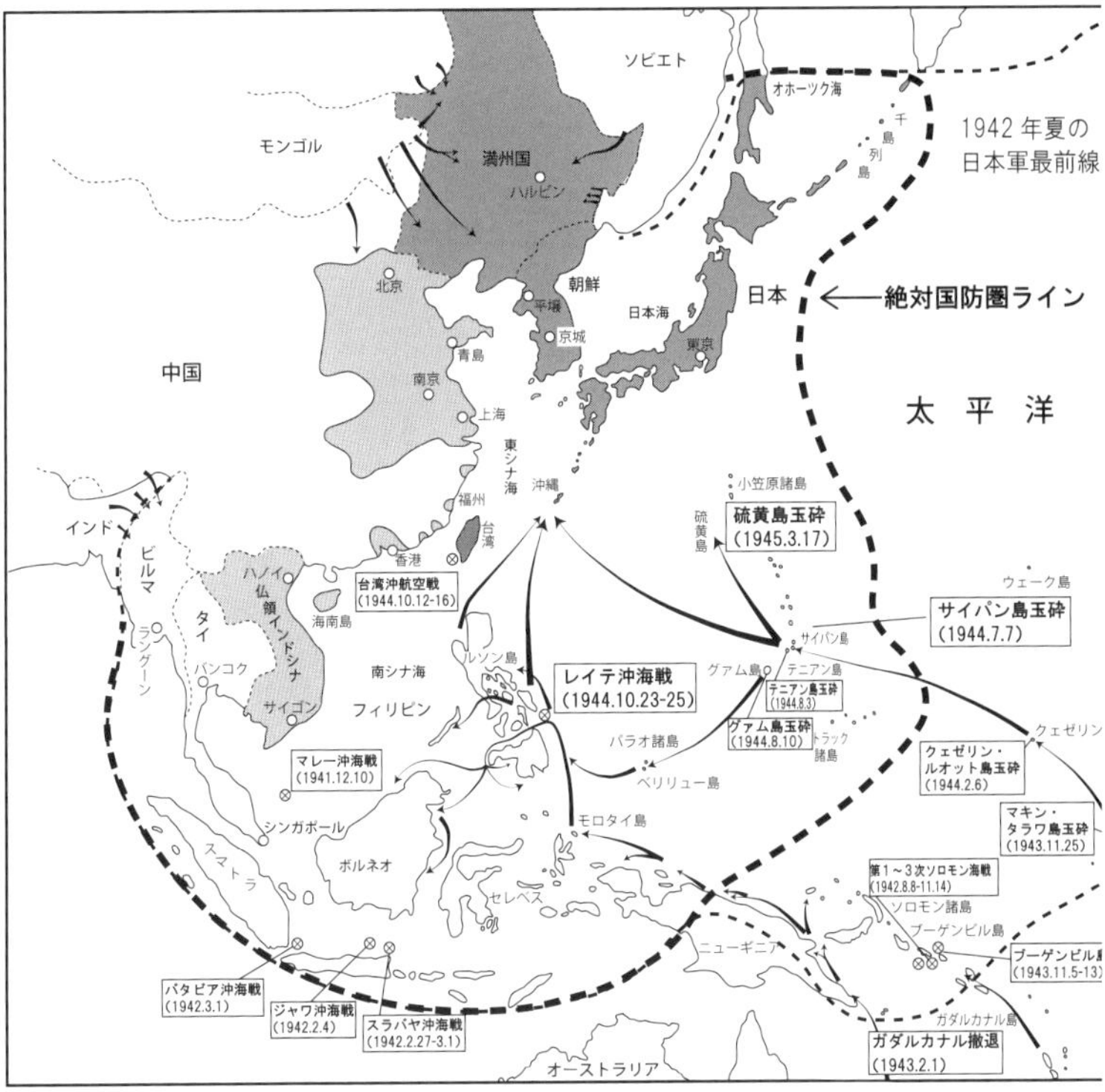
ソビエト
オホーツク海
千島列島
1942年夏の日本軍最前線
モンゴル
満州国
ハルビン
朝鮮
平壌
京城
北京
青島
南京
上海
中国
日本海
東京
日本
←絶対国防圏ライン
太平洋
東シナ海
沖縄
福州
台湾
香港
小笠原諸島
硫黄島
硫黄島玉砕
(1945.3.17)
インド
ビルマ
タイ
ハノイ
仏領インドシナ
海南島
台湾沖航空戦
(1944.10.12-16)
ウェーク島
サイパン島玉砕
(1944.7.7)
サイパン島
ラングーン
バンコク
サイゴン
南シナ海
ルソン島
フィリピン
レイテ沖海戦
(1944.10.23-25)
グァム島
テニアン島
テニアン島玉砕
(1944.8.3)
グァム島玉砕
(1944.8.10)
トラック諸島
パラオ諸島
ペリリュー島
クェゼリン
クェゼリン・ルオット島玉砕
(1944.2.6)
マレー沖海戦
(1941.12.10)
シンガポール
スマトラ
ボルネオ
モロタイ島
マキン・タラワ島玉砕
(1943.11.25)
セレベス
第1～3次ソロモン海戦
(1942.8.8-11.14)
ソロモン諸島
ブーゲンビル島
ニューギニア
ブーゲンビル島
(1943.11.5-13)
バタビア沖海戦
(1942.3.1)
ジャワ沖海戦
(1942.2.4)
スラバヤ沖海戦
(1942.2.27-3.1)
ガダルカナル島
ガダルカナル撤退
(1943.2.1)
オーストラリア

第32軍の飛行場建設計画

四年四月一日をもって活動を開始した。守備軍の任務は航空基地の整備、補給、警備であるが、四月現在、警備すべき飛行場は一個も完成していなかった。

軍中央の航空作戦計画では、南西諸島と台湾に各一個師団の航空部隊を配備することになっていた。これだけの大部隊を収容するために、伊江《いえ》島、沖縄本島、宮古島、石垣島、南大東島《みなみだいとう》に一五個（奄美《あまみ》を除く）の飛行場を建設しなければならなかった。

四月から五月にかけて、飛行場大隊や要塞建設部隊がぞくぞくと移駐してきて、学校や公民館や民家に分宿した。全島で飛行場建設と陣地構築の突貫工事が一斉に開始された。各飛行場で連日、三〜五〇〇〇人の防衛隊、徴用工、勤労奉仕隊などが動員され、軍民一体となって緊急設定作業に汗をながした。

沖縄県は戦時行政の重点施策として、①前線の軍隊に兵士を送ること、②軍需工場に労務者を送ること、③食糧を増産し供給すること、の三大目標をかかげて本土の軍需工場へ数万人の徴用工を送り出していた。そのうえに飛行場建設へ徴用や勤労奉仕で根こそぎ動員されたので、労働力が払底し食糧増産に支障をきたし、避難生活中の餓死やマラリア死の遠因になった。

2　防衛隊・学徒隊・義勇隊

沖縄戦は総動員体制の極限だといわれている。正規の軍人とは別に防衛隊、学徒隊、青年義勇隊、救護班などに根こそぎ動員された。

はじめ防衛隊は、飛行場建設の労務部隊として「陸軍防衛召集規則」にもとづいて編成されたものであった。「防衛召集規則」は四四年一〇月に改正され、満一七歳から四五歳までの男子に拡大して適用されるようになった。たまたま同年一一月から第32軍の精鋭部隊であった第九師団（武《たけ》部隊）が、にわかに台湾に引き抜かれることになった。レイテ決戦に関連して台湾の防備を強化するための緊急措置だった。軍中央（大本営）は後詰めの部隊を送らなかったので、穴埋めは現地自給で間に合わせるしかなくなった。

年末から翌四五年三月にかけて二次にわたる大規模な防衛召集がおこなわれ、約二万五〇〇〇名が戦闘部隊の指揮下にはいって、地上戦闘の第一線に立たされることになった。

だがそれでも兵力不足は埋められなかった。「一木一草をも戦力化せよ」という軍の方針のもとに、中等学校や青年学校（青年団）の男女が学徒隊や義勇隊に編成された。一般には「鉄血勤皇隊《てっけつきんのうたい》」や「ひめゆり学徒隊」などの学徒隊が知られているが、地域の男女青年団から役場を通じて部隊に徴収された義勇隊や救護班のほうが多数をしめている。学徒隊だけで二〇〇〇名以上になるが、青年団の義勇隊の実数はまだ不明である。

防衛隊や学徒隊、義勇隊は装備や訓練からみても、戦闘要員とはいえない後方勤務の補助部隊であったのだが、敵上陸後はこれらの〝にわか兵隊〟までも前線に動員されて、弾薬運搬、通信隊、伝令、救護班などに従事されたあげく、最後は正規兵とともに爆雷や手榴弾《しゅりゅうだん》をもって斬り込みに参加する者もあった。こうして防衛隊の約六割、学徒隊の約五割が戦死した。

沖縄住民の戦闘参加はこれにとどまらなかった。米軍総数約五四万八〇〇〇に対して、沖縄諸島の守備軍一一万人という劣勢で長期持久戦を続けるために、各部隊は避難民に対しても手当たりしだいに戦闘協力を強要した。弾薬運搬、炊事班、救護班、道案内、避難壕の提供、食糧の提供などで、多くの一般住民が戦闘に協力した。

3　沖縄戦の経過

①米軍の沖縄攻略作戦

一九四三（昭和一八）年から翌年にかけて、米軍は中部太平洋を二つのコースで北進していた。一つはニューギニアからフィリピン方面に向かうマッカーサー陸軍司令官のコース、いま一つは中部太平洋の島づたいに台湾、沖縄方面にむかうニミッツ海軍司令官のコースである。マッカーサーが早期にレイテ島とルソン島に進撃したので、ニミッツは台湾攻略作戦の計画を検討していたが、日本軍が南西諸島に建設しつつある巨大な航空基地が関心をひいた。目的が本土進攻のための航空基地の確保である以上、より少ない兵力で沖縄の航空基地を攻略したほうが有利であるという構想が生まれた。

一九四四（昭和一九）年一〇月、米統合参謀本部は当初の台湾攻略作戦から小笠原（硫《い》黄島《おうとう》）―沖縄の攻略作戦に変更し、「アイスバーグ（氷山）作戦計画」（沖縄攻略作戦計画）

を策定した。四五年三月一七日、硫黄島では一カ月におよぶ地上戦闘のすえ、日本軍守備隊は全滅した。米軍の攻略の矢は次の沖縄本島に向けられた。

一九四五（昭和二〇）年三月二三日、米機動部隊が沖縄本島へ空襲を開始、翌日から南部・島尻《しまじり》地区へ艦砲射撃をおこなった。沖縄戦がはじまったのである。

米軍の最初の目標は沖縄本島の西方に浮かぶ慶良間《けらま》諸島であった。沖縄本島上陸作戦に備えて、慶良間諸島に艦隊の停泊地と補給基地を確保し、長距離砲をすえて日本軍の軍司令部がある首里方面を砲撃する作戦であった。

三月二六日早朝、米歩兵一個師団が三〇〇隻の舟艇をならべて上陸を開始した。慶良間諸島には、敵上陸部隊を背後から奇襲攻撃する海上特攻隊（海上挺進隊）がひそかに配置されているだけであったが、約三〇〇隻の特攻艇は米軍の砲爆撃でほとんど破壊され、少数の特攻部隊は山中に退避して、小型銃器をもってゲリラ戦に移行した。

守備隊から置き去りにされ、雲霞《うんか》のような上陸部隊を目のあたりにした住民は、パニックにおちいってしまった。人びとは保護を求めて友軍陣地に殺到したが、作戦の足手まといになるという理由で追い返された。パニックにおちいった島々の住民は、「集団自決」に追い込まれた。

②沖縄本島上陸作戦

慶良間諸島に足場を固めた米軍上陸部隊（第10軍）は、四月一日に沖縄本島の中部西海岸に上陸作戦を開始した。艦船約一五〇〇隻、陸軍・海兵隊七個師団、一八万三〇〇〇人、さらに後方にひかえる後続部隊や補給部隊、海軍部隊などをあわせると総勢五四万八〇〇〇人にのぼり、中部太平洋のどの激戦地に比べても数倍する大規模な兵力だった。

猛烈な艦砲射撃と爆撃で海岸線をたたいたあと、上陸部隊が上陸用舟艇と水陸両用戦車群をならべて、幅一三キロの密集隊形で読谷《よみたんざ》山村と北谷《ちゃたん》村の海岸に殺到してきた。

これを迎え撃つ沖縄守備軍（第32軍）は、沖縄本島に第24師団〈山《やま》部隊〉、第62師団〈石《いし》部隊〉、独立混成第44旅団〈球《たま》部隊〉の二個師団半、防衛隊や義勇隊などの補助兵力をあわせても一一万人に満たず、敵上陸部隊を水際で正面から反撃すれば、一週間ともたない劣勢であった。

第9師団を台湾に引き抜かれて弱体化した沖縄守備軍は、飛行場の守備を第一任務とする従来の作戦方針を転換して、本土決戦の時間をかせぐための持久戦を続けるために、飛行場を破壊し放棄して、首里《しゅり》北方の中部丘陵地帯の地下陣地に主力部隊を配置した。

上陸部隊の第一の目標は飛行場を奪取することであったが、読谷山村の読谷飛行場（陸軍北飛行場）も、北谷村の嘉手納《かでな》飛行場（陸軍中飛行場）もすでに放棄されて、守備部隊は撤退していた。米軍は陸からも空からもほとんど抵抗を受けることなく無血上陸をはたし、午前中には第一の目標である読谷、嘉手納の飛行場を占領した。さらに無抵抗の進撃をつづけて翌二日には東海岸に到達し、沖縄本島を南北に分断することに成功した。

上陸地点の読谷山村や北谷村には、飛行場建設や陣地構築に協力してきた数千人の村民が敵前に放置された。米軍の急進撃で逃げ場をうしなった住民は周辺のガマ（洞窟）や墓のなかに避難したが、避難所はただちに上陸部隊に包囲され、絶望的になった避難民のなかには自ら命を断つ者が続出した。読谷山村チビチリガマでは地元住民が「集団で自決」し、北谷村嘉手納では女子義勇隊が「集団自決」に追い込まれた。

上陸した米軍は、四月五日までに中頭《なかがみ》郡の大部分を制圧し、上陸地点の渡具知《とぐち》に海軍軍政府を開設し、避難民対策の軍政を開始した。米軍の〝捕虜〟になった数千人の避難民は金網のなかに隔離され、はやくも戦後の〝アメリカ世〟の生活がはじまった。

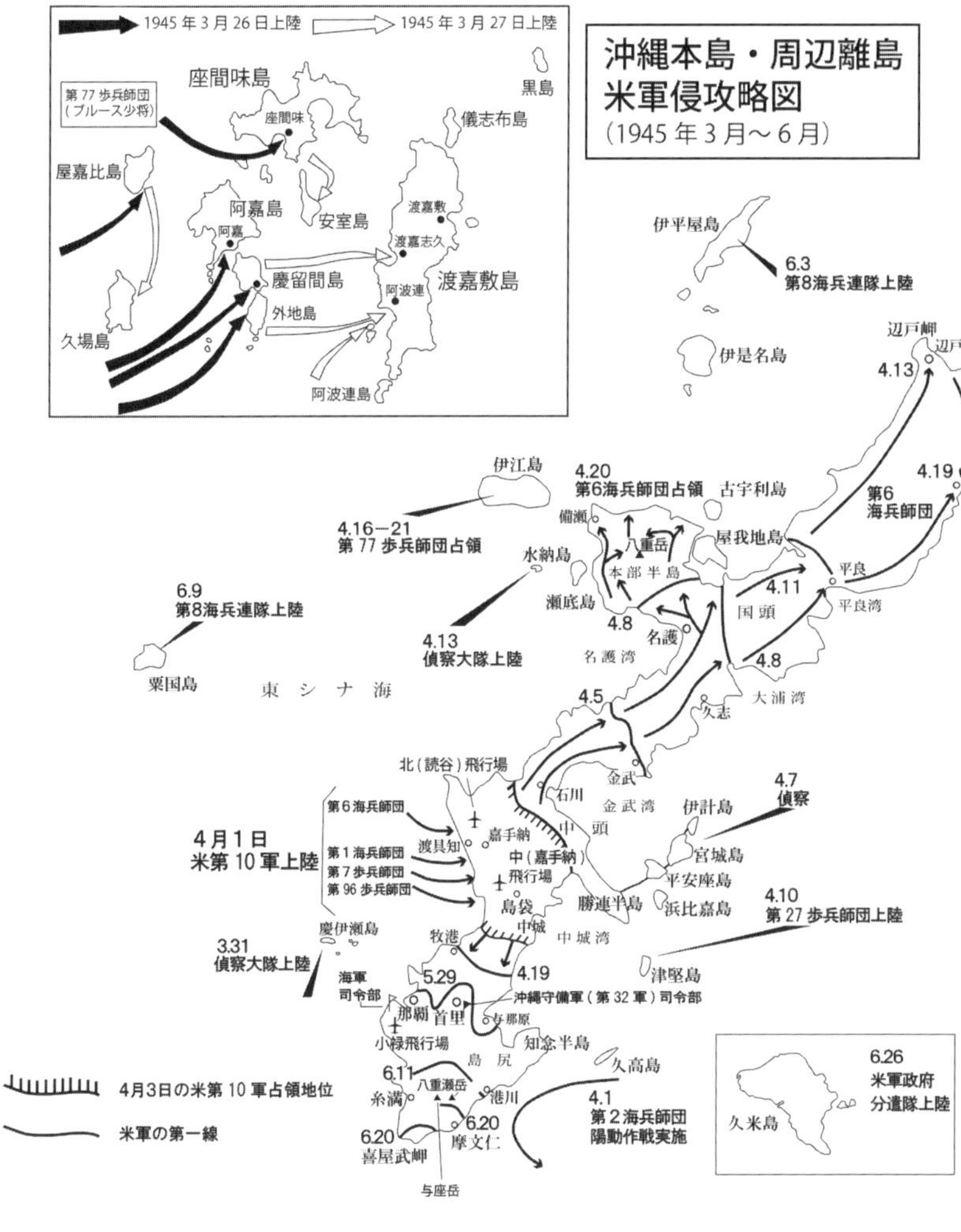
沖縄本島・周辺離島
米軍侵攻略図
(1945 年 3 月～ 6 月)
1945 年 3 月 26 日上陸
1945 年 3 月 27 日上陸
座間味島
第 77 歩兵師団
(ブルース少将)
座間味
黒島
儀志布島
屋嘉比島
阿嘉島
安室島
渡嘉敷
阿嘉
渡嘉志久
慶留間島
阿波連
渡嘉敷島
外地島
久場島
阿波連島
伊平屋島
6.3
第8海兵連隊上陸
辺戸岬
辺戸
伊是名島
4.13
伊江島
4.20
第6海兵師団占領
古宇利島
4.19
安波
4.16－21
第 77 歩兵師団占領
備瀬
八重岳
屋我地島
第6
海兵師団
水納島
本部半島
平良
瀬底島
4.11
国頭
平良湾
6.9
第8海兵連隊上陸
4.8
名護
4.13
偵察大隊上陸
名護湾
4.8
粟国島
東シナ海
4.5
大浦湾
久志
北(読谷)飛行場
金武
石川
4.7
偵察
金武湾
伊計島
第 6 海兵師団
中頭
4 月 1 日
米第 10 軍上陸
嘉手納
渡具知
第 1 海兵師団
中(嘉手納)
宮城島
第 7 歩兵師団
飛行場
平安座島
第 96 歩兵師団
島袋
勝連半島
浜比嘉島
4.10
第 27 歩兵師団上陸
慶伊瀬島
中城
3.31
偵察大隊上陸
牧港
中城湾
4.19
津堅島
海軍
司令部
5.29
沖縄守備軍(第 32 軍)司令部
那覇
首里
与那原
小禄飛行場
知念半島
島尻
久高島
6.11
八重瀬岳
4.1
第 2 海兵師団
陽動作戦実施
糸満
港川
6.20
6.20
喜屋武岬
摩文仁
与座岳
6.26
米軍政府
分遣隊上陸
久米島
4月3日の米第 10 軍占領地位
米軍の第一線

③北部・離島の戦況

沖縄本島を南北に分断した上陸部隊の一部は、北部国頭《くにがみ》地方（国頭郡）の制圧に向かった。海岸線を北進した米第6師団は、一〇日間で本部《もとぶ》半島の突端に達し、さらに北上した海兵連隊は一三日に本島北端の辺戸岬に到達した。

本部半島の山岳地帯には、国頭支隊（宇土《うど》部隊）約三〇〇〇人が配置されていた。支隊の本拠地である八重岳では一四日から山岳戦がはじまった。日本軍は、防衛隊や学徒隊もくわえて起伏のはげしい地形に拠って小型兵器で応戦したが、米海兵隊は突撃をくりかえしたすえに、一六日早朝、頂上を奪取した。宇土隊長以下の残存兵は包囲網を突破して国頭方面に移動し、一〇月初めまでゲリラ戦を続けた。

国頭の山林には中・南部から疎開してきた約一五万人の避難民が食糧難とマラリア病に苦しんでいたが、そこへ敗残兵が割り込んできたので食糧強奪やスパイ嫌疑の住民虐殺など、いまわしい軍民摩擦が多発することになった。

伊江島には東洋一を誇る飛行場が建設され、国頭支隊から派遣された守備隊が布陣していた。守備隊約二七〇〇人のうち約一二〇〇人は現地徴収の防衛隊、青年義勇隊、女子救護班、婦人協力隊であった。

四月一六日、米第77歩兵師団が軍艦三六隻による艦砲射撃の後に、南岸から上陸してきた。守備隊はガマや亀甲墓《かめこうばか》や塹壕《ざんごう》にたてこもって、速射砲や機関銃で応戦したが、陣地はつぎつぎ破壊され、死傷者が続出した。守備隊の指揮下におかれた島民も急造爆雷、手榴弾、竹槍などをもって斬り込みに参加した。なかには髪を切って男装した女子義勇隊員や、乳児をおぶった婦人協力隊員の姿もあった。

一週間の激闘の後、守備隊はほぼ全滅、戦死者約四五〇〇名のうち約一五〇〇名は伊江島の村民だった。伊江島の攻防戦では米軍も一七二名の戦死者をだしたが、この中には著名な従軍記者アニー・パイルもふくまれていた。

久米島《くめ》には小規模の電波探信隊（鹿山《かやま》隊長）が配置されているにすぎなかったが、米軍は六月下旬、飛行場を設定する目的で上陸してきた。山中にたてこもった鹿山隊長は「下山する者は米軍に通ずる者として銃殺する」と警告し、違反者とみなされた島民はスパイ容疑で次々に〝処刑〟された。鹿山隊の住民虐殺の犠牲者は、七家族二〇人におよんだ。

宮古島には第28師団の将兵・朝鮮人軍夫・防衛隊などの約三万人の兵力が駐屯し、陸海軍あわせて三個の飛行場が建設されていた。石垣島にも独混第45旅団（宮崎隊長）約一万人が駐屯し、三個の飛行場が建設されていた。沖縄戦の初期、英国東洋艦隊が両諸島に砲爆撃をおこなって市街地に損害をあたえたが、米軍の上陸はまぬがれた。距離的に遠いため本土進攻の航空基地としては不適と判断されたためだった。

海上交通が途絶した宮古・八重山では、長期の軍民雑居の状態で極度の食糧不足におちいり、おまけに戦争マラリアがまん延したために軍民に多数の犠牲者がでた。とくに八重山郡では軍命によってマラリア有病地へ強制移動させられたために、郡民の五四パーセントが罹患、死亡率二二パーセントに相当する三六四七人が犠牲になった。

④中部戦線の激闘

首里《しゅり》城の軍司令部壕に戦闘指揮所をおく守備軍は、首里北方の嘉数《かかず》高地（宜野湾《ぎのわん》村）、前田高地（浦添《うらそえ》村）に地下陣地をきづいて第62師団（石部隊）を中核とする精鋭部隊を配置していた。米軍が進発地点とする宜野湾村普天間から首里までは約二〇キロの一本の県道で結ばれているが、沿道の丘陵地帯につらなる二重、三重の地下陣地線が両軍の主力攻防戦の舞台となった。

米第24軍団は、四月五日から戦車隊を陣頭にたてて、大謝名《おおじゃな》—我如古《がねこ》—和宇慶《わうけ》の陣地線に一斉攻撃をかけてきた。米軍は上陸直後からただちに飛行場と砲兵陣地を整備して、空・海・陸からの砲爆撃の援護のもとに歩兵部隊を突撃させてきた。守備部隊は、地下の陣地壕で猛烈な砲爆撃にたえながら至近距離からの砲撃で、敵戦車に多大な損害をあたえるとともに、日没をまって地下陣地からはいだして、敵陣地に夜襲をかけて撃退した。

四月六日、日本軍は「菊水《きくすい》第一号作戦」を発動、九州や台湾から航空機を発進させて、沖縄本島を包囲している米艦隊に攻撃を開始した。特攻機の体当たり攻撃は少なからぬ米艦船に損害をあたえたが、航空作戦と地上作戦の連携が一致せず、戦況を好転させる効果は発揮できなかった。

中部戦線の一進一退の攻防戦は南北わずか二〇キロの区間で五〇日余もつづき、守備軍が意図する持久戦になった。最新兵器と最大規模な物量を投入した米軍も、日本軍の執拗な抵抗にあって予想以上に大きな損害をだし、二カ月間の戦死傷者は約二万六〇〇〇人にのぼった。戦闘の熾烈さは、米兵のなかに戦争神経症が多数でたことでも想像できる。米軍戦史で「戦史上もっとも熾烈な血みどろの戦闘」と表現される激戦が続いた。

中部戦線の激闘。戦車の陰に身を隠して進む米軍歩兵
（沖縄県平和祈念資料館提供）

第一線の激戦場にも現地住民が多数まきこまれていた。青壮年の男性はほとんど防衛隊に召集され、残る婦人や少年たちまで弾薬運搬、水くみ、炊事班、道案内、野戦包帯所の救護班などに動員された。疎開もできずに村内にとどまっていた老人、幼児、母親たちは、数百人単位で集落周辺の洞窟壕に避難していたが、激戦にまきこまれておおくの一般住民が犠牲になった。たとえば前田高地に隣接する前田集落では、総人口の五九パーセントが戦没している。

五月中旬までに守備軍は、主力部隊の約八五パーセントにあたる約六万四〇〇〇人が戦死し、「軍の戦力は消耗しつくした」と軍司令部も判断し、だれもが残存部隊の総突撃をもって沖縄戦は終わるものと信じていた。しかし五月二二日の作戦会議で軍司令部は急きょ作戦方針を変更して、島尻への撤退をきめた。

「軍は残存兵力をもって玻名城《はなしろ》―八重瀬岳―与座《よざ》岳―国吉―真栄里《まえざと》の線以南、喜屋武《きゃん》半島地区を占領し、努めて多くの敵兵力を牽制抑留するとともに、出血を強要し、もって国軍全般作戦に最後の寄与をする」（防衛庁戦史室『沖縄方面陸軍作戦』）というものだった。沖縄戦はまさに「時間かせぎの捨て石作戦」になったのである。

⑤地獄図の南部戦線

沖縄守備軍の残存部隊は、五月二五日ごろから南部（島尻郡）の喜屋武半島に移動を開始した。梅雨の泥道に足をとられながらの撤退作戦は難渋した。約一万人と見積もられる負傷兵を輸送する車両はなく、全軍の備蓄食料が一カ月分しか残ってない状況では、戦闘能力のない重傷患者の面倒をみる余裕はなく、南風原《はえばる》陸軍病院をはじめ各地の野戦病院では、歩行不能の重傷患者には自決用の毒薬や手榴弾をあたえて放置するほかなかった。

軍司令部も、二七日から津嘉山《つかざん》壕を中継して摩文仁《まぶに》の洞窟壕に移動した。牛島司令官は、小禄《おろく》地区の海軍部隊にも喜屋武半島へ合流するように命令したが、大田實海軍司令官は、喜屋武半島に海軍部隊約一万人を収容できる空間がないことを理由に、小禄海軍飛行場の地下陣地から動かなかった。

海軍部隊は六月六日から米軍海兵隊の攻撃をうけ、約一週間の戦闘で壊滅、一三日、大田司令官は有名な「沖縄県民カク戦ヘリ。県民ニ対シ後世特別ノ御高配ヲ賜ランコトヲ」の電文を打ったあと、豊見城《とみぐすく》の司令部壕で自決した。

島尻地方のサンゴ石灰岩の台地には無数の地下洞窟（ガマ）が点在し、地元住民や首里・那覇方面から移動してきた避難民が避難生活をおくっていた。そこへ突如として戦闘部隊が移動してきたので、南北七キロ足らずの喜屋武半島には、約三万人の軍隊と十数万人の避難民が雑居して袋のネズミになった。

六月上旬、米軍は喜屋武に総攻撃をかけてきた。守備軍は八重瀬岳〜与座岳の断崖線で強固に抵抗したが、一七日、戦車部隊が断崖線を突破して岬の台地に侵入し、地下に潜った日本軍に爆雷や火炎放射やガス弾で、〝馬乗り攻撃〟をくわえてきた。

断末魔の戦場では、日本兵に壕を追い出されて弾雨のなかをさまよったり、食料を徴発されて餓死したり、敵の投降呼びかけに応じて壕を出て行こうとするとスパイ嫌疑で〝処

海岸の岸壁の裂け目や洞窟に火炎を浴びせかける米軍の火炎砲戦車
（沖縄県平和祈念資料館提供）

刑〟されたり、幼児が泣くと敵に探知されるといって〝始末〟されるなど、いまわしい事件が多発した。長期間にわたる極限状況下の避難行動では、軍人も避難民も最後に行きつくところは、「人間が人間でなくなる」状態だった。

米軍は摩文仁の牛島司令官に対して再三降伏を勧告したが、軍司令官はこれを拒否して抵抗を続行した。六月一八日、第10軍司令官バックナー中将は、真栄里付近の丘で戦闘状況を視察中、日本軍の攻撃をうけて戦死、軍司令官の死にパニック状態となった米軍は、付近の避難民や負傷兵に至近距離から無差別に掃討を加えて、多くの犠牲者をだした。

翌一九日、牛島軍司令官は残存部隊に最後の軍命令を打電して、指揮をうちきった。これをもって沖縄守備軍（第32軍）の組織的抵抗はおわったが、軍命令は戦闘の終結ではなく、「最後迄敢闘シ悠久ノ大義ニ生クベシ」という遊撃戦（ゲリラ戦）への移行を命じたものであった。牛島軍司令官と長参謀長は六月二三日未明（二二日の説もある）、摩文仁の軍司令部壕で自決したが、残存兵は南部戦線の地下や北部戦線の山林のなかで、なおゲリラ戦を続行した。

喜屋武半島の掃討を終えた米軍は、七月二日、沖縄作戦の終了を宣言した。しかし、守備軍の司令官と参謀長が自決したために終戦交渉の相手がみつからず、ようやく変則的な形で、嘉手納基地の米第10軍司令部で両軍代表による降伏調印式をおこなったのは、ミズーリ号上の降伏調印式から五日もおくれて九月七日のことだった。

第II部

「沖縄人スパイ説」を砕く

✻よみがえる「沖縄人スパイ説」

私は一九四四年八月下旬に家族とともに疎開船に乗って、熊本県阿蘇郡の山村に疎開した。一九四五年の夏、「沖縄玉砕」の知らせが届き、続いて「沖縄人がスパイを働いたから友軍は負けた」というデマが流れてきた。疎開者にとってはショックだった。

そして沖縄戦から七〇年以上経過したこの数年、またぞろ「沖縄人スパイ説」が持ち出されてきている。本土の人にとっては、「沖縄人スパイ説」といってもほとんど知られていないか、あるいは敗残兵たちがばらまいた無責任なデマを今でも信じている人もと思うので、沖縄県民の名誉のためにも、「沖縄人スパイ説」の真相を検証する。

二〇一三年六月発行の『軍事史学』（第49巻第1号）に、沖縄戦における防諜対策（スパイ取締）をテーマに取り上げた論文が発表された。

軍事史学会顧問の原剛《はらたけし》氏が「沖縄戦における住民問題」と題する論文を発表、その中で、八原博通《やはらひろみち》元高級参謀、馬淵新治《まぶちしんじ》引揚援護局厚生事務官、大城将保《おおしろまさやす》（沖縄県史編集委員）、地主園亮《じぬしぞのあきら》（同）、林博史《はやしひろふみ》（同）らの著書名や論文名を脚注で示したうえで、次のような持論を述べている。

「（これらの著書や論文は）在来から沖縄に居住していた住民で敵に通じた者は皆無であると述べている。

しかし実際には、スパイは存在していた。沖縄出身のハワイ二世およびサイパン島など出稼ぎ中の沖縄人の一部が、米軍の諜報要員として訓練を受け、沖縄上陸作戦に先立って潜水艦により隠密上陸し、あるいは偵察機から落下傘降下して、諜報活動をしていたところを数名が逮捕され、取調べたところ、小型無線機などをもっており、左手くすり指にUSAT6などの入れ墨があり、中には女性もいた。

このような事実があったにもかかわらず、この事実に触れた書は見あたらない。このようにスパイが実際いたことが、軍の警戒心をより一層高め、防諜対策を実施するのは当然のことである。軍事作戦において防諜対策をとらない作戦などあり得ないことである」

原氏はまた「集団自決問題」にもふれて、「『集団自決』とは、軍の強制と誘導による集団自殺であると定義する説もあるが、軍の強制や誘導がなくても、自由意思で集団となって自殺することもある。」と苦しい弁護を行っている。

「集団自決問題」については二〇〇五年夏にはじまった「大江・岩波訴訟」ですでに結論が出されているので、ここでは取り上げない（座間味島の元隊長らが大江健三郎氏の著書と出版社を名誉毀損《きそん》で訴えた民事裁判であるが、沖縄現地では県議会や市町村議会をはじめ約一一万人県民大会の支援もあって大江・岩波側の勝訴で決着した。詳しくは『記録・沖縄「集団自決」裁判』〈岩波書店　二〇一二年〉を参考にされたい）。

「沖縄人スパイ説」についても、これまで『沖縄県史』や市町村史などで史実の発掘が広く深く行われてきており、「何を今さら」という感がないでもないが、われわれの著書名まであげて、「このような事実があったにもかかわらず、この事実に触れた書は見あたらない」などと書かれては、黙っているわけにはいかない。

手始めに、一九五〇年代のはじめ、軍人軍属遺家族援護法を米軍統治下の沖縄にも適用するために、沖縄戦の実態を調査した報告書から、「沖縄人スパイ説」の一端を紹介しよう（引揚援護局厚生事務官・馬淵新治「沖縄作戦における沖縄島民の行動に関する史実資料」より）。

「第六節　住民の通敵行為について

敵上陸以後、所謂「スパイ」嫌疑で処刑された住民についての例は十指に余る事例を聞いているが、従来から沖縄に居住していた住民で軍の活動範囲内で敵に通じたものは皆無と断じてさしつかえないと思う。

特に沖縄住民の国民性というか、権力者に対しては全く唯々諾々であり、これに抗して敢えて反発する気風が少なく一面自己の土地に対する執着心特に郷土愛に至っては、信仰的に強い住民が当時の挙国一致、一億一心で戦い抜き寸土と雖《いえど》も本土を敵に渡すなとの標語の下に、軍の絶対的権威下にあったことを思うと住民で軍が厳然たる威容を保ち、統制ある戦斗を遂行している間に軍の威力範囲内に住む住民から通敵行為をする等のことは想像もつかぬことである。

結局前記の通敵事例は軍が余りにも前記事例等より神経過敏となり、思慮の足りない端末の部隊内で行われたもので、事実通敵行為として処刑したことは寧《むし》ろ軍の行き過ぎ行為であり、現在においてもこのことに対しては一般の非難を聞くものである。

……以上の事例は戦斗一時不利となるや、更に疑心暗鬼を生じて、在来からの軍の戦斗地域内に居住して何等悪意のない住民に対しても時に「スパイ」の嫌疑をかけて、これを処刑するに至ったものと推察される」

馬淵事務官の分析は今日の視点からみても正当な評価だと思われるが、前出の原剛論文では、「しかし実際には、スパイは存在していた。沖縄出身のハワイ二世およびサイパン島などに出稼ぎ中の沖縄人の一部が、米軍の諜報要員として訓練を受け、沖縄上陸作戦に先立って潜水艦により隠密上陸し……」云々と秘密めかしたエピソードを提示して、問題の本質をそらそうとしている。

沖縄戦の最大の悲劇は、全戦没者数二四万人という数字の大きさで表せるものではない。沖縄を護ってくれると信頼していた友軍（日本軍）からスパイ容疑の汚名をなすりつけられて、「住民虐殺」や「集団自決」に追い込まれた沖縄県民の心の傷はいまなお完全に癒されたとはいえない。

私が個人的に調べただけでも、「日本軍による住民虐殺事件」‥合計四六件、犠牲者一六七人＋α、「集団自決」事件‥合計三〇件、犠牲者一一四七人にのぼっている（拙著『沖縄戦の真実と歪曲』高文研）。

日本軍がもたらしたこれらの事件にまともに向き合おうともせず、今ごろになって怪しげな「沖縄人スパイ説」をむしかえそうとする真意は何だろうか。

防諜対策用のポスター

＊日本軍による住民虐殺事件24例

原剛論文が日本軍による住民虐殺事件について、「思慮を欠いた過剰な防諜意識がもたらしたスパイ容疑による殺害事件」などと、軽く片づけた問題を掘りさげてみたい。

この事件は、「沖縄住民『集団自決』事件」とともに、沖縄戦の本質を考えるときの重要なカギとなるので、今後も論じる機会があるかもしれないが、ここでは代表的な事例を抽出して、悲惨きわまる諸事件のアウトラインを描いておきたい。

【1】久米《くめ》島・鹿山《かやま》隊による連続住民虐殺事件。久米島に駐屯する海軍通信隊（隊長・鹿山正兵曹長）三四人が山中の陣地壕に立てこもっていたが、「飛行機などから撒かれた宣伝ビラを拾得し私有する者は敵側スパイとみなして銃殺する」などと通達をだし、

久米島住民虐殺事件記念碑「痛恨之碑」

言動が怪しいとにらまれた要注意人物数十名のブラックリストをもとに、朝鮮出身者家族八人を軍刀で斬首するなど、二〇名の島民が次つぎと処刑（虐殺）された。

【2】渡嘉敷《とかしき》島の住人で、一五、六歳の少年二人が米軍に捕らえられた後、降伏勧告を伝えるために赤松隊陣地へ送られた。赤松隊に送られた少年たちは米軍と通じたという理由でただちに処刑された。

【3】渡嘉敷島の新垣重吉、古波蔵和雄、与那嶺徳、大城ウシの四人は、上陸してきた米軍に強制されて投降勧告ビラを日本軍駐屯部隊（赤松隊）に持って行かされた。新垣、古波蔵の二人は途中で逃げて来たが、残り二人はビラを届けに指揮所へ到着したとこ

ろ米軍側スパイとみなされて斬殺された。

【4】座間味《ざまみ》島で捕虜第一号となった後藤松雄は、米軍から支給された食糧品を住民へ分け与えたところ夫婦同伴で日本軍本部に呼び出されて二人とも殺害された。

【5】座間味島の仲地夫妻は妻の足が悪かったため指定された山中の避難場所に登れず、上陸してきた米軍の捕虜となり、数カ月米軍の保護下におかれていたところ、日本兵にみつかり「スパイ」の理由で殺害された。

【6】伊江《いえ》島住民が渡嘉敷島の捕虜収容所へ連行された後、米軍に伊江島の若い女性五名と男性一名が選ばれて降伏勧告状を赤松隊へもっていかされることとなる。その男女六名は赤松隊により殺害されて戻ってこなかった。

【7】伊江島で捕虜となった島の住民数名が日本軍がたてこもるチネア壕へ衣類を取りに行ったところ、敵のスパイとみなされて即座に全員殺害された。

【8】伊是名《いぜな》島には本部半島の国頭《くにがみ》支隊から逃げてきた敗残兵十数人がたてこもっていたが、奄美大島出身の漁師奉公人として連れてこられた三人の少年がスパイ行為をする恐れがあるとして殺害された。伊是名島では、敗残兵グループによる米兵捕虜殺害事件も三件起きた。

【9】伊平屋《いへや》島の喜名政昭は六月二五日、日本軍が敗れたことを周辺に知らせたため、米軍のスパイとの噂がひろがり、伊是名島の敗残兵たちに呼び寄せられて殺害された。

【10】渡野喜屋《とのきや》避難民虐殺事件。一九四五年五月、大宜味《おおぎみそん》村渡野喜屋には中南部から避難してきた約九〇〇人の一般住民が米軍に保護されて一時収容されていたが、ある夜、山中に立てこもっていた日本兵約一〇名が集落におりてきて、避難民の中から男たち数名を山中に連行して軍刀で惨殺、残りの老幼婦女子四、五〇人は塩屋湾の浜辺に集められて、隊長（軍曹）が「きさまら夫や息子に恥ずかしいと思わんか」などと訓示したあと、隊長の号令で、避難民を取り囲んでいた約一〇名の兵隊たちが一斉に手榴弾を投げつけてきた。猛烈な炸裂音のあとに数十名の死体の山ができた。夜が明けて負傷した人たちが水を飲みに元の空家に戻ってみると、兵隊たちが避難民の荷物から米軍配給の食料品を全部抜き取って山中に去ったあとだった。

【11】大宜味村喜如嘉《きじょか》で戦時対策委員の男性が避難住民への情報提供のために避難小屋を駆けまわっていたところ日本兵に捕まってスパイ活動の容疑で殺害された。

【12】終戦直後、国頭村の住民四人が田井等《たいら》収容所から帰る途中、大宜味村喜如嘉で敗残兵グループに襲われて四人が殺害された。

【13】羽地《はねじ》村与那で米軍の捕虜になった避難民たちは、友軍の敗残兵たちが出没するということで当原に移されたが、一週間後、日本兵の手にかかって高嶺一家は惨殺された。

【14】米軍に任命された国頭《くにがみ》・漢那《かんな》の村長は日本軍の敗残兵からスパイとみなされて殺害された。

【15】本部《もとぶ》国民学校の照屋校長は兄弟たちの行方をさがして山中を歩きまわっていたが、耳が遠いので敵機の来襲もかまわず日本軍陣地の周辺を歩き続けていたので敵機を誘導したスパイの疑いで、弁明の機会も与えられず日本兵にその場で斬殺された。

【16】本部半島伊豆味に避難していた太田守徳は、深夜に日本兵に呼び出されて惨殺された。日本軍陣地に食糧などを納めていたので陣地の秘匿が理由だろうと言われている。

【17】斎場御嶽《セーファウタキ》近くの壕でランプをともしていた住民が、中城《なかぐすく》湾の米軍と連絡をとっているときめつけられて斬殺された。

【18】豊見城村《とみぐすくそん》出身の渡嘉敷国民学校訓導・大城徳安は、妊娠した妻が心配で、時々妻のもとに帰っていた。そのことにより、脱走の罪を着せられて斬首された。

【19】知念《ちねん》村で四五年三月中旬、与那城伊清はある会合の席上、「友軍の高射砲の命中率が悪いのは一体どうした訳か」と質問したために、後で「スパイの疑いあり」として殺

1972年に沖縄県教職員組合が特設授業の参考書として作成したパンフレット『これが日本軍だ』

害された。

【20】知念村において三月中旬、村会議員大城重政は部隊の兵隊が無断で村民の家畜を運び去るのを抗議したため「スパイの疑いあり」として殺害された。

【21】具志頭《ぐしちゃん》村新城で、南部へ避難する途中の桑江という民間人が「スパイ」容疑で日本刀で斬殺された。

【22】10・10空襲のあと、佐敷《さしき》において地図をもって兵隊はどこにいるかなどと聞く人がいたが、それを区長に話したら、その人は軍に連行されて殺された。

【23】米軍上陸前、首里城の広場で首里の人が南方帰りということでスパイ視されて殺害された。

【24】精神障害者が「日本は負けた」と叫んで街を歩いていたので、「スパイ」として首をはねられた。

❇「沖縄人スパイ説」の現場

冒頭で紹介した原剛論文は、沖縄人スパイ説の論拠として、「北海タイムス」の一九六五年の連載記事「七師団戦記／「ああ沖縄」／戦没一万八十五柱の霊にささぐ」などの記事を参照したと思われるが、「ああ沖縄」（一〇〇回）では、次のように書かれている。

「栗山〇〇兵長はある夜、岩陰にかくれ沖の米艦船に懐中電灯で信号を送っている男をみつけた。さっそく河部真男伍長（〇〇町出身）と渡辺〇〇上等兵（〇〇市出身）に連絡をとり、三人でその男を取り押えた。

沖縄出身でハワイ生まれ、四〇歳、三月一〇日潜水艦できて、湊川に上陸したという。左手のクスリ指のあいだにＵＳＡＴ６とイレズミがしてあった。

その後、小型無線機で通信を送っていた一九歳の女性をつかまた。同じように、左手のクスリ指にＵＳＡ103とイレズミをしていた。ハワイ生まれで、サイパン、レイテでスパイ活動をし、沖縄に来たという。

（その後）一〇人とも銃殺された、という話を聞いた……」

北海道部隊は、沖縄守備軍の中では戦没将兵一万余柱という桁違いの犠牲者をだした部隊だけに、同紙の連載記事に描かれた生々しい沖縄戦の実相については読者の関心も高かったと思われるが、前出引用の記事を注意深く読めば、冒頭の懐中電灯をもった「ＵＳＡＴ６」のエピソードはかりに真実だとしても、「その後、……」以降の「女スパイ」の話などの多くは、確かな裏づけのない風評にすぎないということを沖縄戦史にたずさわる者は心得ておかねばならない。

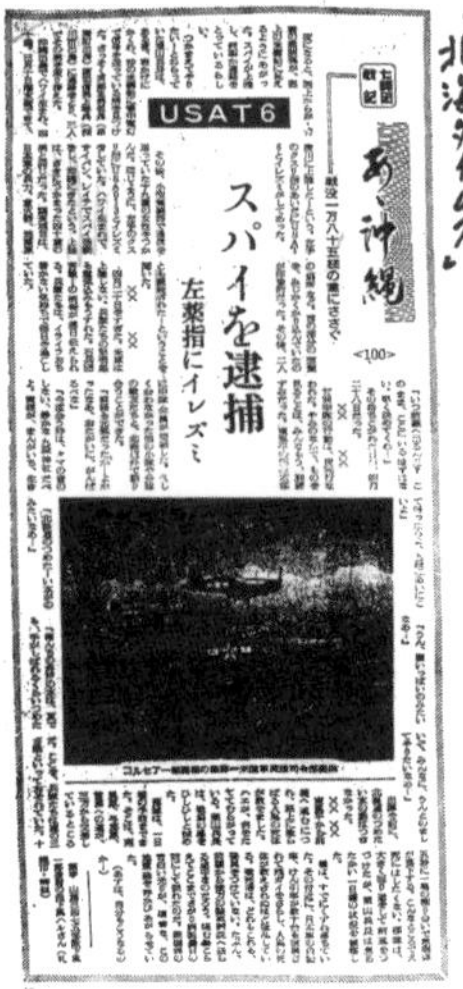
「北海タイムス」
あゝ沖縄
<100>
USAT6
スパイを逮捕
左薬指にイレズミ

「北海タイムス」の連載記事【ああ沖縄】

原論文では「このような事実があったにもかかわらず、この事実にふれた書は見あたらない」と鬼の首でもとったように、名指しされた前記数名（28ページ参照）の怠慢を間接的に指摘しているが、これまた片腹痛い話である。

「北海タイムス」が戦場秘話として報じた「体験談」なるものは、子どものころからあきるほど聞かされた「戦場秘話」などと銘うった「女スパイシリーズ」の断片にすぎない。論より証拠、断末魔の島尻戦線で〝鉄の暴風〟が吹きすさぶなかを、避難民の誘導保護で駆け回っていた元県庁職員の手記から、「女スパイ説」の真偽を検証してみよう。

浦崎純氏は当時県の特別援護室長などを務め、戦場では沖縄県後方指導挺身隊の隊員として最後まで島田知事と行動をともにした〝地獄の戦場〟の生き証人であった。以下に同氏の手記『沖縄の玉砕・沖縄群島玉砕戦の真相』（日本文華社　一九七二年）から、断末魔の戦場の実相を引用させていただく。

「身をかくす場所をもたないわれわれ県庁職員は、そこで部隊長らしき将校に出会い、頼んで同居の許しをえた。（略）私たちが洞窟へ降りるところへ、先ほどの部隊長が現れた。県庁側も軍に協力してくれというのである。なにごとかと聞くと、彼は罫紙に、赤鉛筆で書いた書面を見せた。それには次のような意味のことが書かれていた。

……この付近にスパイが潜入している。沖縄出身の妙齢の婦人で、人数は四、五〇名と推定される。彼らは赤いハンカチと小型の手鏡をもっていて、陰毛をそり落としているのが特徴である。

部隊長はまじめな顔でその書面を私たちに見せると、スパイ逮捕にぜひ協力してくれというのである。気が狂っているのではないかと思って、相手にならずにいると、態度は真剣である。しかも哀願の表情さえ浮かべているではないか。馬鹿馬鹿しいので、取り合わずに立ち去ろうとすると、彼の表情が俄然けわしい表情に変わった。気味悪くなった私たちは、無言のまま互いに顔を見合わせると、そうそう退却した。

洞窟を飛び出したものの、彼のけわしい表情と、赤鉛筆の書面……、赤いハンカチと小型の手鏡、それに陰毛をそり落としている……云々が頭にこびりついて離れない。こんな愚にもつかない書面を、部隊長は重要部隊情報だと、くり返し説明していたが、どう考えても正気の沙汰ではない。

このような情報を本気で出した部隊本部や、また、これを受けて立っている第一線部隊がこの沖縄に実在しているとすれば、もはや沖縄作戦は正気で戦われているとは判断しえない段階にきているとしか思えないのであった」

❇誰が「スパイ説」を全国に流したのか

一九四四（昭和一九）年一〇月一〇日、沖縄諸島は米機動部隊の大規模な空襲を受け、終日続いた爆撃で死傷者は軍民合わせて約一五〇〇人、県都那覇市と主な軍施設は壊滅的な打撃をこうむった。沖縄守備軍の軍司令部はこの奇襲攻撃をまったく予測できなかったことで軍の探知能力の無力さが露呈し、また県民環視のなかで友軍の対空砲火のあまりの無力さが露呈した。県民の友軍（日本軍）に対する信頼は動揺し、中央の大本営でも沖縄守備軍に対する不信感がつのっていた。

そのころ、東京方面では奇妙なデマが流されていた。「米軍の奇襲攻撃が成功したのは沖縄人スパイが手引きしたからだ」という噂である。デマ情報は本土の報道機関や政府、議会筋にも広がり、衝撃を受けた県選出代議士が真相調査に現地にとんできたほどである。

沖縄現地の官憲の調査によって、「沖縄人スパイ」説は根も葉もないデマ（事実と反する扇動的な宣伝）だと判明したが、陰では「敵機来襲を予知できなかった友軍の失態をおおいかくすデマ宣伝だろう」という噂がささやかれていた。このころから沖縄守備軍と沖縄県民のあいだに疑心暗鬼の芽が生じていたのだろう。

いったい誰が「沖縄人スパイ説」を全国に広めたのか、沖縄現地ではその正体はナゾとされていたが、さきに紹介した馬淵報告書を注意深く読むと「張本人」の姿がチラッと見えてくるはずである。

馬淵新治報告書『沖縄作戦における沖縄島民の行動に関する史実資料』より。

「⑪悪質デマに悩まさる

戦争中吾々が憤慨させられたことは、沖縄人はスパイだという根も葉もない悪宣伝だった。

この宣伝は下級兵の無責任な放言ばかりでなく、軍司令部から島田知事へも公式な連絡があり、壕内で開かれた部課長会にまで取上げられていた。このことは終戦七年後の今日なお不可解な謎として脳裏を去らないが、果たして如何なる証拠があり実例があってのことか、まったく見当がつかない。

殊に敵が上陸した中頭地区の住民が、スパイであるかのように宣伝されていた。宜野湾村長の某氏が、敵軍の案内役をつとめているとか、女教員がダンスホールで敵兵のサービスに当たっているとか、いろいろなデマ放送が流されて、まるで沖縄人は敵兵のため祖国を忘れて彼等に協力しているかのような印象を与える宣伝がなされていた。

ある日、島田知事によって招集された壕内部課長会で、この問題が取り上げられたとき、中頭地方事務所から敵中を突破して県庁に合流した伊芸徳一所長は、この宣伝がまったく虚構なものであることを立証し、沖縄人をことさらに陥入れんとする軍部の非道に悲憤慷慨の余り泣いて島田知事に中頭地区住民の真相を報告したのであった。

沖縄人がスパイであるというデマは終戦まで後を断たなかったが、これら一部軍人の中には、敗戦の責任を罪もない住民に転嫁しようという恐ろしいたくらみがあった。つまり兵隊は死力をつくして奮斗したが、住民が防衛軍を裏切って敵に走り、彼らに協力した結果、かく敗戦に導いたものであるというのである。

こうした彼等のたくらみは、本土に疎開している沖縄の人々をして非常な苦境に陥入れるまでに、広く且かつ深刻な社会的影響を与え、沖縄人の国民的良心を痛みつけたのである。……」

実は、当時満五歳で熊本の山村に家族疎開をしていた私自身も、忘れられない強烈な場面を目撃していた。ある夜、沖縄の疎開者たちがお寺の御堂に集められて「沖縄玉砕」の報せを聞かされた。数十名の女性たちがいっせいに号泣するさなか、現地警防団のリーダーらしい人が、「友軍が負けたのは沖縄人がスパイを働いたからだ」という意味の発言をしたものだから、私の母が立ち上がって狂ったようにわめき声をあげてその男にくってかかった情景を忘れることが出来ない。

馬淵報告書を読んで、沖縄人デマ説は、10・10空襲のころからラジオ放送で流された大本営発表のニュースが元ネタになり、それに枝葉がつけられて「本土決戦」に向けた防諜対策の戦訓として流布したと推測される。

馬淵報告書はさらに続けて、次のように現地の人びとの気持ちを代弁している。

「この事実無根の悪放言は、単純な兵隊を刺激して、北部地区では戦争中友軍に最大の協力を与えた純真な知識人層の多数が彼等のために銃殺されるという無惨窮まる暴戻がなされた事実があるのである。

敗残のための昂奮も手伝ってはいると考えられるが、真相も弁えず、勝つための国民的協力に対する最後の報いが、世にもおそるべき銃殺でもってなされたという事実は皇軍という敬称でもって国民から遇されてきた相手だけに、恨みても余りある悲劇である」

❇大田實海軍司令官最後の電文「沖縄県民カク戦ヘリ」

一九四五年四月一日、米軍は総勢一五万五〇〇〇人の戦闘部隊を投入して沖縄本島に上陸作戦を開始した。

対する沖縄守備軍（第32軍）は防衛隊・義勇隊など合わせてもわずか約一二万人の劣勢、沖縄守備軍は初めか米軍の本土進攻を遅らせるための「時間稼ぎの捨て石作戦」、つまり「玉砕」すべき運命に立たされていたのだ。

守備軍の敗色が濃厚となるにつれて本土では、前記のような「沖縄人総スパイ説」が流されていた。この状況を憂えた島田知事と荒井警察部長は戦場の県民の実情を日本政府に正確に伝えるために特別行動隊八名を編成して本土への密使として派遣した。「鉄の暴風」が吹きまくるさなか、小舟に乗って島伝いに本土へ向かう決死隊が、はたして米軍の包囲網をくぐりぬけて目的地へたどりつくことが出来るか、確率はきわめてきびしかった。

この状況下で独自の通信手段で島田知事の意向をサポートしたのが、次に述べる海軍部隊から発信された「沖縄県民カク戦ヘリ」の電文だったと思われたが、沖縄県が派遣した特別行動隊のほうは、八名の隊員のうち本土へたどりついたのは一名だけ、福岡の沖縄県連絡事務所を経て、内務省に県知事の報告書を提出したのは、アジア太平洋戦争が終わって一年もたった一九四六年夏のことだった。時期はずれの報告書になったが、しかし内容は沖縄県民の名誉にかかわる重要なものだった。

島田知事の報告書で最も強調しているのは「沖縄県民のスパイ行為があったために戦争に負けた」という流言を打ち消すことにあった（荒井紀雄『戦さ世の県庁』参照）。

特別行動隊の派遣とは別に、島田知事は五月二五日に海軍壕の電信機を借りて「県知事より内務大臣宛」の電文を発信、「県民の戦意は旺盛なので治安上の懸念はないが、食糧は逐次逼迫しており、六月上旬以降は窮乏のため一部の飢餓が憂慮される」という切羽つまった内容だった。「治安上の懸念はない」云々は、本土で流布している「沖縄人スパイ説」を打ち消す意図がうかがえる。ここで「沖縄人スパイ説」を打ち消すために陰ながら尽力したもうひとりの人物が浮上してくる。

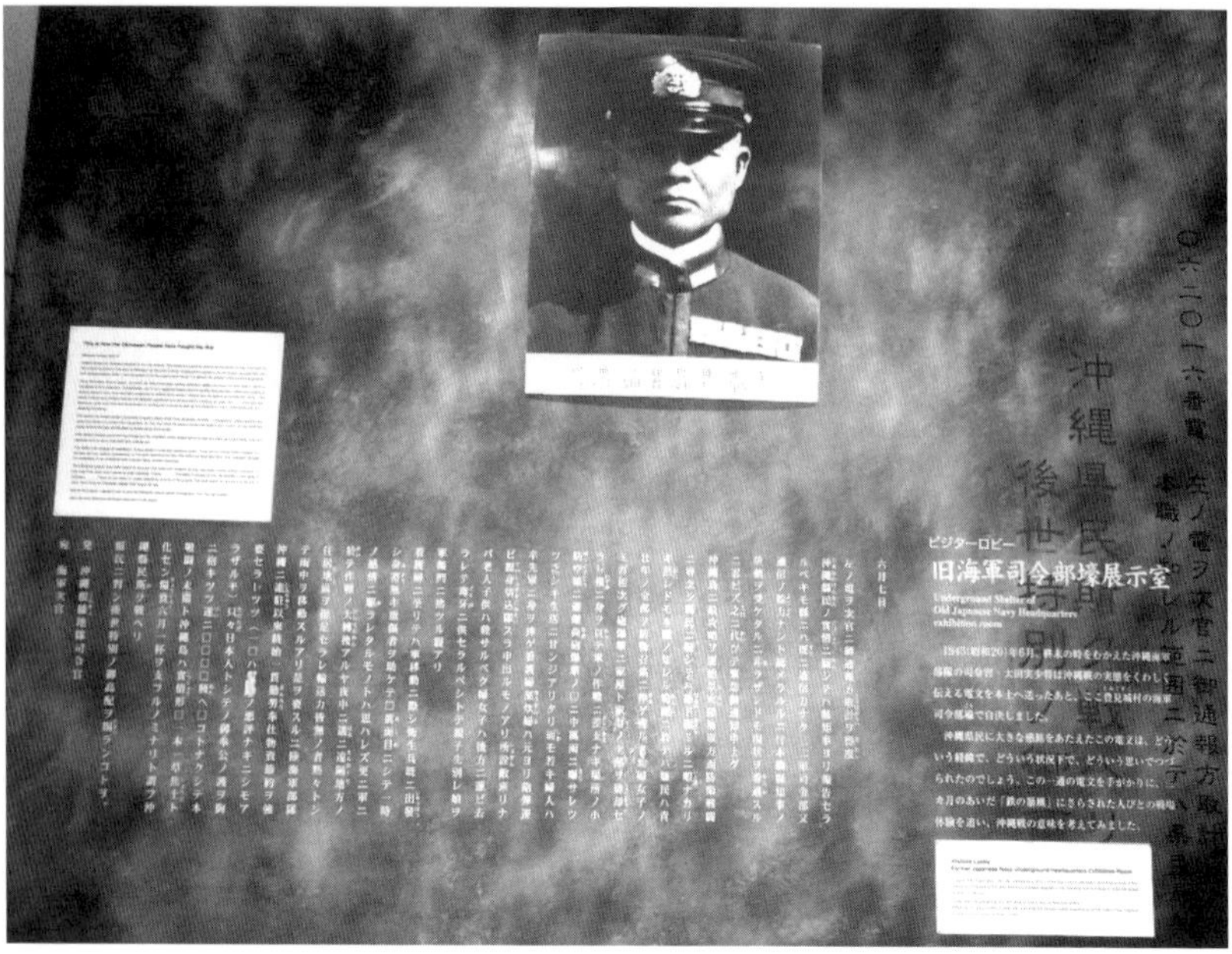

旧海軍司令部壕の案内リーフレット

海軍部隊の大田實司令官と島田知事とは、沖縄への赴任が昭和二〇年一月で同期という因縁もあって、日ごろから親密に情報交換をする間柄だった。島田知事も10・10空襲で県庁の電信機が使用不能になったあとは、海軍壕の電信機を使用させてもらっていた。沖縄人スパイ説の流言を打ち消すために決死隊を本土へ派遣する計画や、内務大臣あての報告書の内容などもあらまし聞いていたのであろう。

大田司令官がかの有名な電文を発信することにした主な動機は、「沖縄人スパイ説」に悩まされる島田知事の苦衷を察してのことだろうと推測されるのである。ちなみに、第

32軍とは独立して小禄《おろく》海軍飛行場の地下壕に本部をおく海軍部隊（沖縄方面根拠地隊）は、総員約一万人のうち三〜四〇〇〇人は沖縄現地での防衛召集者であった。

なかには沖縄人どうし方言で話す隊員もいたというが、海軍部隊の内部で「沖縄人スパイ」が摘発されたという話は聞いたことがない。むしろ部下に沖縄出身者が多い事情から、大田司令官としては島田知事に対しても一般県民に対しても同情の念が強かっただろうと察せられる。

大田司令官は、米軍が小禄海軍壕に迫ってきた六月一三日に部隊指揮所で自決を遂げるが、その一週間前の六月六日に、有名な「沖縄県民カク戦ヘリ」の電文を本土へむけて発信している。約八〇〇字におよぶ長い電文には「鉄の暴風」へまきこまれた県民への同情とともに、暗に「沖縄人総スパイ説」の汚名を打ち消す意図もあったことが察せられる。

論より証拠、電文は六月一五日付で全国紙に掲載されたが、記事の前文には次のような解説がついているのだ。

「われわれは今日まで沖縄県民は米軍上陸とともに驕敵の軍門に降りあるひはその行動は皇軍に対し非協力的な態度をとった等々の多くの説を耳にした。しかし、これらの説はこの指揮官の報告により根拠なき浮説であることが明らかにされ、同地県民は一人の例外もなく醜敵に立ち向ひ、あるいは皇軍全般作戦に協力しつつあるのである。本土もまた決戦場となった今日、民一億は戦ふ沖縄の同胞をかがみとして『この仇討たでは』の誓を新たにしよう」

私がこの記事に注目するのは、「沖縄県民の忠誠心・愛国心を認めてくれた」ことを喜ぶからではない。むしろ逆で、それまでは全国の多くの新聞読者が「沖縄人スパイ説」を鵜呑みにしていたであろうという恐ろしさである。

このころ一般国民の心に植え付けられた「沖縄人」に対する不信感や嫌悪感や憎悪は、その後はたして完全に清算されただろうか、あるいは……と考えると、末恐ろしくなってくる。それだけに大田司令官が全国民宛に発したこの電文が千金の重みをもって心に残るのである。

《沖縄県民の実情に関しては、県知事より報告せらるべきも、県にはすでに通信力なく、三二軍司令部もまた通信の余力なしと認めらるるにつき、本職県知事の依頼を受けたるにあらざれども、現状を看過するに忍びず、これに代わって緊急御通知申上ぐ。

沖縄県に敵攻略を開始以来、陸海軍方面とも防衛戦闘に専念し、県民に関しては殆んど顧みるにいとまなかりき。然れども、本職の知れる範囲においては、県民は、青壮年の全部を防衛召集にささげ、残る老幼婦女子のみが、相次ぐ砲爆撃に家屋と財産の全部を焼却せられ、わずかに身をもって、軍の作戦に差支えなき場所の小防空壕に避難、なお砲撃下をさまよい、風雨にさらされつつ乏しき生活に甘んじありたり。しかも若き婦人は率先軍に身をささげ、看護婦、炊事婦はもとより、砲弾運び、挺身斬込隊すら申し出る者あり。所詮、敵来たりなば老人子供は殺さるべく、婦女子は後方に運び去られて毒牙に供さらるべしとて、親子生別れ、娘を軍衛門に捨つる親あり。

看護婦に至りては、軍移動に際し、衛生兵すでに出発し、見寄りなき重傷者を助けて共にさまよう。真面目にして一時の感情にはせられたるとは思われず。さらに、軍において作戦の大転換あるや、自給自足、夜の中にはるかに遠隔地方の住民地区を指定せられ、輸送力皆無の者、黙々として雨中を移動するあり。これを要するに、陸海軍沖縄に進駐以来、終始一貫、勤労奉仕、物資節約を強要せられて、御奉公の一念を

旧海軍司令部壕の壕内写真

胸に抱きつつ遂に…（不明）…報われることなくして、本戦闘の末期を迎え、実状形容すべくもなし。一木一草焦土と化せん。糧食六月一杯を支えるのみとなりと謂ふ。沖縄県民かく戦へり。県民に対し、後世特別の御高配を賜らんことを》

❇「沖縄人スパイ説」の源流

これまで「沖縄人スパイ説」の諸相を見てきたが、これらを「混乱した戦場における異常な事件」としてだけ見るのは、〝木を見て森を見ない〟皮相な理解である。実は、「沖縄人スパイ説」は、明治以来、帝国政府とくに帝国陸軍に地下水脈のように受け継がれてきた「沖縄人異端視」が根底にあり、これが戦場の極限状態のなかで一気に噴出した「集団的狂気」の爆発であった、と私自身は判断している。

以下に、歴史にのこる沖縄異端視論の一端をピクアップしてみよう。

「沖縄人スパイ説」の背景には、明治以来、日本軍部の「沖縄人」に対する差別観と警戒心が根強く横たわっていた。徴兵事務を担当する歴代の沖縄連隊区司令部のマル秘文書には、次のような報告書が残っている。

①明治四三年度『沖縄警備隊区徴募概況』「本県における軍事思想の幼稚なると国家思想の薄弱なるとは遂に徴兵を忌避し動もすれば兵役の義務を免れんとするもの多し」

②昭和九年　沖縄連隊区司令部『沖縄防備対策』「憂の最大なるは事大思想なり。……事大思想は日本の強大と共に総てを大和化せるも之と同時に一時的にせよ現実に来たる強圧に対し厳として必ず操持すると誰が保証し得ん」

以上のような皇軍（天皇の軍隊）の沖縄人に対する潜在的な「沖縄差別」に加えて、昭和一九（一九四四）年夏から、新たな沖縄差別の火種が降りかかってきた。

アジア太平洋戦争で破竹の勢いで日本本土めざして進撃してくる米軍に対して、沖縄諸島が本土防衛の防波堤の役割をになわされ、中国や満州で泥沼の戦いを続けていた戦闘部隊がにわかに沖縄守備軍（第32軍）として編成され、それまで軍隊とはほとんど接触のなかった民間地区に、約一一万人の実戦部隊が割り込んできて軍民雑居の状態となった。

実戦部隊がはじめて列島南端の島々に移駐してきたとき、生活習俗も言葉も内地（本土）とははなはだしく異なる「沖縄人」に対して、同胞としての親愛感は乏しかった。それどころか、満州や中国の戦線で現地住民のスパイ（間諜）活動やゲリラ戦（遊撃戦）にさんざんな目にあわされた経験から、「沖縄人」にまで警戒心をいだくのも不思議ではない。

軍司令部はじめ各部隊の次のような命令文書や標語などを読むと、一般住民に対する「防諜対策」が異常なまでに強化されていく空気が伝わってくる。

①「防諜に厳に注意すべし」（牛島軍司令官訓示）

②「爾今《じこん》軍人軍属を問わず標準語以外の使用を禁ず。沖縄語を以て談話しある者は間諜とみなし処分する」（軍司令部『球会報』）

③「管下は所謂『デマ』多き土地柄にして、又管下全般に亘り、軍機密法に依る特殊地帯と指定せらるる等、防諜上極めて警戒を要する地域に鑑み、軍自体此の種違反者を出さざる如く万全の策を講ぜられ度」（第62師団命令文書）

④「諜者は常に身辺に在り、北満に在りたる心構に在るべし」（伊江島飛行場設営隊）

⑤「敵が飛行機其の他よりする宣伝ビラ散布の場合は早急に之を収拾纏め軍当局に送付すること。妄りに之を拾得し居る者は敵側『スパイ』と見做し銃殺す」（鹿山隊文書）

⑥「島嶼作戦においては、原住民に気を許してはならぬ。原住民は敵が上陸してきたとき敵を誘導し、スパイ行為をするからである」（某部隊の訓令・『沖縄県史・第8巻）

このような沖縄県民に対する偏見にみちた先入観がやがて戦況が悪化するにつれて、住民を敵視し、護るべき国民に銃を向け、「スパイ嫌疑による住民虐殺事件」や『『集団自決』の強要」などの惨劇が各地で多発することになる。

原剛説では、沖縄の戦場では実際に敵のスパイが暗躍していたから（配慮を欠いた過剰な）防諜対策をとらざるを得なかったとして第32軍の立場を弁護しておられるが、これはつじつまの合わない論理である。なぜなら、「沖縄人スパイ説」にもとづく一般県民を対象としたスパイ取締まり方針は、米軍来攻のはるか以前から準備されていたのである。

昭和二〇年三月の国頭支隊の秘密文書には、以下のように明記されている。

「一、防諜は本来敵の諜報宣伝謀略の防止把握にあるも、本島の如く民度低く且つ島嶼なるに於てはむしろ消極的即ち軍事初め国内諸策の防衛防止に重点を指向し戦局の推移に呼応し積極防諜に転換するを要す」。（「秘密戦ニ関スル書類」）

沖縄における防諜対策は、「積極防諜」という名の「住民対策」に転換されたのである。関連文書では、さらに次のような「積極防諜」の具体的なターゲットが例示されている。

「(イ)反軍、反官的分子の有無、(ロ)外国帰朝者特に二世、三世にして反軍反官的言動を為す者ナキヤ、(ハ)反戦厭戦気運醸成の有無、(ニ)敵侵攻に対する部民ノ決意の程度、(ホ)一般部民ノ不平不満言動ノ有無、……を隠密裡に調査し報告すること」

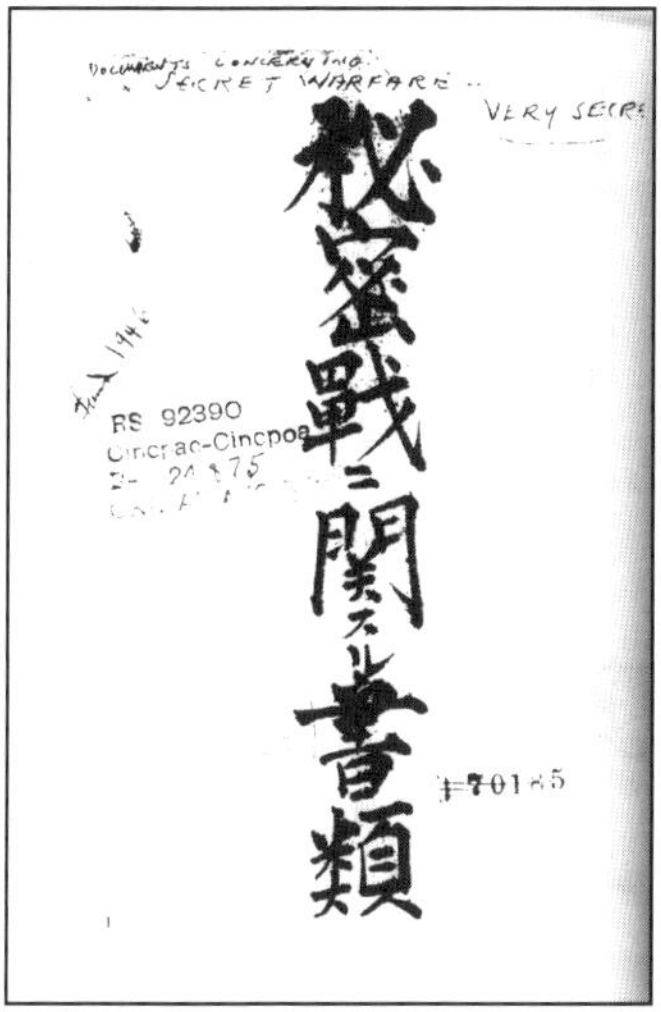

『秘密戦ニ関スル書類』(表紙)

防諜対策とはすなわち「スパイ取締り」のことである。スパイは軍法会議にかけて処刑されることになっていた。しかし、沖縄では取調べもろくに為されず弁明の機会も与えられることなく「処刑」と称する「住民虐殺」が各地で多発したのである。

❇沖縄系二世通訳兵たちが果たした役割

「沖縄人スパイ説」を再燃させた原剛論文は、米軍の沖縄作戦における「沖縄人」の「スパイ活動」なるものをいくつか例示して、「この事実に触れた書は見あたらない」などと述べているが、そんなことはない。たとえば、宮城悦二郎著『占領者の眼・アメリカ人は〈沖縄〉をどう見たか』（那覇出版社　一九八二年）や、『沖縄県史（現代4）・軍政活動報告（和訳編）』などには、米軍が沖縄作戦を実施するにあたって、戦場にまきこまれた避難民の救援対策が、周到に準備された経緯が述べられている。

また二〇一三年秋に、県立沖縄平和祈念資料館で開催された特別企画展「ハワイ日系人が見た戦争と沖縄」では、沖縄作戦に参加して戦場の避難民たちの救助活動に従事した沖縄系二世たちや関係者たちの戦場活動の全容が初めて公開され、彼らの体験談にじかに触れることができた。

米軍はアジア太平洋戦争の最終段階の作戦計画として、沖縄攻略作戦（アイスバーグ作戦）で沖縄を占領したあと、本土上陸作戦の前進基地として利用する構想を立てていた。ところが、沖縄作戦を実施するにあたって浮上した難問の一つは、沖縄守備軍と雑居している沖縄住民の問題だった。

サイパンやテニアンの島嶼《とうしょ》戦では沖縄出身の移民たちが守備隊の作戦にまきこまれ、最後には断崖から身を投げて「集団自決」をはかるという痛ましい前例があったのだ。軍民混在の沖縄の戦場でも、一般住民が日本軍の道連れになって犠牲をこうむる可能性は多分に予想される。これを防ぐ対策として浮上したのがハワイの沖縄系移民の存在だった。

沖縄は明治以来「移民県」といわれ、ハワイや南米や南洋方面に多くの移民を送り出していた。とくにハワイには沖縄出身の二世、三世の移民が多かった。真珠湾攻撃以来日系移民は肩身のせまい思いをして暮らしていたが、沖縄進攻作戦にあたって彼らの出番がきたのだ。

沖縄系移民としては、祖父母のルーツの島である沖縄の人びとに銃をむけることには抵抗感が強かった。そこで彼らには戦場の避難民を救出する特別な任務をあたえることにしたのだ。米軍は対日戦を遂行するにあたって、陸軍情報部に日本語学校（ＭＩＳ）を設置して日本語通訳兵を養成し、語学兵チームと通訳兵チームを編成していた。語学兵は暗号解読・日本語文書の解読・捕虜の通訳・尋問など高度な訓練を受けた専門家約一五〇人で編成されていた。

これとは別に前線で捕虜や避難民などの取調べに立ち会う通訳兵チームがあった。おもにハワイの日系人で編成されていて語学学校で短期訓練を受けたあと前線に派遣されるのであるが、ただし沖縄作戦では「日系人」というだけでは充分ではない。戦場の避難民のなかにはヤマトグチ（標準語）の通じない人も少なくないのだ。

そこでウチナーグチ（沖縄方言）のできる「沖縄系二世」の出番となった。沖縄の戦場での通訳兵たちの任務は、捕虜取調べの通訳をつとめるほか、より重要な活動として、洞窟壕や密林のなかに隠れている沖縄住民に「投降」をよびかけることだった。

投降勧告の対象者は、正規兵よりも一般避難民や防衛隊や義勇隊などの「沖縄人」がはるかに多かったから、沖縄系二世通訳兵たちのウチナーグチによる投降勧告が、多くの避難民を救出したことは特記されるべきである。

ところが、洞窟壕の奥で避難民と雑居している本土出身の将兵たちには沖縄方言はまるで通じないので、「沖縄人が友軍を裏切って避難民に投降を呼びかけている」と誤解して、「沖縄人はみんなスパイだ」と疑心暗鬼にとらわれ、やがて陰惨な「沖縄人スパイ狩り」にエスカレートしていく構図が見えてくる。

ある元沖縄系二世兵は次のような体験記を特別企画展のパンフレットに寄稿している。

「……今度ははっきりと方言で呼びかけました。『イジチメンソーレ（出てきてください）』そうくり返し呼び続けました。するとようやく老婆が怯えきった様子で出てきました。老婆の後から五～六歳ぐらいの少女がついてきました。老婆は足が悪く、北部へ避難した家族について行けずに、そこに隠れていたとのことでした。たぶん彼女たちが最初の捕虜になった住民だと思います」

次ページに掲げたのは、極限状況の戦場で避難民が救出される場面を記録した米軍撮影写真である。場所は「轟《とどろき》の壕」。その時の様子を語った証言が残されている。

糸満市伊敷の轟の壕から救出される住民たち
（1945 年 6 月 24 日　沖縄県平和祈念資料館提供）

六月二四日「轟の壕」は、「デテキナサイ」という敵の呼び掛けに応じる声もなく、米軍はドラム缶を並べ、ガソリンを流し込み、焼き払う準備中でありました。死を覚悟して、一足早く壕外に出ていた宮城嗣吉氏は、『中には千人を越す一般人がいる。止めてくれ』と必至に訴え、再び壕の中に戻ると、壕内の兵隊たちは、『外に出るとスパイ行為をするから絶対に許さん』と住民を威嚇するので、父は「自分が残るから、皆を外に出してくれ」と兵隊を説得し、ようやく千人以上の住民は解放されました。

……ひとり残った父の姿は二度と現れることはありませんでした。（佐藤隆喜手記『戦さ世の県庁』）

第Ⅲ部

沖縄戦の研究ノートから

❇「万国津梁の鐘」に刻まれた22の弾痕

沖縄県庁の第一知事応接室に大きな屏風が飾ってある。茅原南龍《ちはらなんりゅう》の墨書で「旧首里城正殿鐘」に刻まれた銘文の写しである。

鐘銘は「琉球国者南海勝地而」（琉球国は南海の勝地にして）にはじまる国ほめの長い文章であるが、文中の「以舟楫為万国乃津梁」（舟楫《しゅうしゅう》を以て万国の津梁《しんりょう》と為す）からとって、通称「万国津梁の鐘」とよばれている。

県知事と賓客との会談を報道するテレビ・ニュースの背景としてお馴染みだし、「万国津梁」は沖縄県のシンボルといってもいいキーワードになっているから、今さら説明するまでもないが、かつて県立博物館の職員として、この銘文の原典となった古鐘と共に暮らしたことのある私の立場から言わせると、「ぜひいま一度、心眼を開いて鐘の実物と対面

万国津梁の鐘

してもらいたい」という想いがある。そこから意外な歴史が見えてくるかもしれない。

　いうまでもなく「万国津梁」は、東アジアの国際交流と世界平和を国是とする琉球王国の基本理念であり、近隣諸国への友好のメッセージでもある。尖閣《せんかく》諸島や竹島をめぐる国境問題で東アジアの海に波風が立っている今日、この沖縄の地において、今こそ先人たちがこの鐘銘にこめたメッセージを読み解き、歴史のリアリズムと、歴史の教訓を直視するヒントにすべきではないかと考えている。

　歴史のリアリズムとは何か——。それは、この鐘の出自と遍歴を深く掘り下げて考証すれば、浮かび上がってくる。鐘に刻まれた銘文から見えてくるのは、平和と友好と繁栄の美しい世界像である。

　この世界像は、この鐘を鋳造させた尚泰久《しょうたいきゅう》王（一四一五〜一四六〇年）の切なる願望であって、王自身を取りまく現実の国状は、肉親同士が王位継承を争って共に滅びた志《し》魯《ろ》・布里《ふり》の乱（一四五三年）や、中城《なかぐすく》城主・護佐丸《ごさまる》と勝連《かつれん》城主・阿麻和利《あまわり》が、互いに姻戚

高文研
人文・社会問題
出版案内
2025年

無名東学農民軍慰霊塔　韓国全羅北道古阜　（富士国際旅行社提供）

KOUBUNKEN
高文研
ホームページ https://www.koubunken.co.jp
〒101-0064 東京都千代田区神田猿楽町2-1-8　三恵ビル
☎03-3295-3415　郵便振替 00160-6-18956

この出版案内の表示価格は本体価格で、別途消費税が加算されます。

ご注文は書店へお願いします。当社への直接のご注文も承ります（送料別）。なお、上記郵便振替へ書名明記の上、前金でご送金の場合、送料は当社が負担します。

◎オンライン決済・コンビニ決済希望は右QRコードから

【教育書】の出版案内もございます。ご希望の方には郵送致します。

◎各書籍の上に付いている番号は【ISBN 978-4-87498-】の下4桁になります。

◈日本と世界を考える◈

862-6
コスタリカ
伊藤千尋著
「軍隊を持たない国」中米・コスタリカの人びとの平和、民主主義、人権観を通して日本を考える。
1、800円

851-0
アフガニスタン
レシャード・カレッド著
日本在住のアフガニスタン人医師が綴る、祖国の歴史と現状、真の復興への熱い想い。
2、000円

430-7
知ってほしいアフガニスタン
レシャード・カレッド著
アフガンの苦難の歴史と復興への願い。
1、600円

882-4
ゾヤの物語 自由を希求するアフガニスタン女性の闘い
ゾヤ著
タリバンの圧政・女性差別に立ち向かうひとりの女性の半生を綴ったノンフィクション。
2、200円

633-2
知ってほしい国 ドイツ
新野守弘・飯田道子・梅田紅子編著
ドイツとはいったいどういう国柄なのか？ もっと深く知りたいドイツを知る入門書！
1、700円

378-2
ドイツは過去とどう向き合ってきたか 熊谷 徹著
「ナチスの歴史」を背負った戦後ドイツの、被害者と周辺国との和解への取り組み。
1、400円

607-3
国のために死ぬのはすばらしい？
ダニー・ネフセタイ著
イスラエルからきたユダヤ人家具作家の平和論。
1、500円

283-9
イスラエル・パレスチナ 平和への架け橋
高橋和夫・ピースボート著
両国の若者が平和共存への道を語る。
1、600円

799-5
増補版 プーチン政権の闇
林 克明著
テロや暗殺でその基盤を固めたプーチン政権の推移と、ウクライナ開戦に至るまでの背景を探る。
1、700円

417-8
チェチェン民族学序説
ムサー・アフマードフ著
今西昌幸訳
チェチェン民族の世界観、宗教観。
2、500円

586-1
キューバ
伊藤千尋著
超大国を屈服させたラテンの魂。「カリブの赤い星」と呼ばれたキューバの姿に迫る！
1、500円

371-3
反米大統領チャベス
●評伝と政治思想
本間圭一著
独自路線を貫く南米の指導者の素顔に迫る！
1、700円

344-7
カナダはなぜイラク戦争に参加しなかったのか
吉田健正著
カナダ外交から学ぶアメリカとの付き合い方。
1、900円

755-1
イギリス労働党概史
本間圭一著
イギリス二大政党の一翼を担う労働党の誕生から現在までを概観し、政権奪取の要因を読み解く。
3、000円

412-3
私たち、「何じん」ですか？
●「中国残留孤児」たちはいま…
樋口岳大・文／宗景正・写真
帰国した中国残留孤児の「いま」を追う。
1、700円

365-2
中国残留日本人
大久保真紀著
敗戦の混乱で「満州」に置き去りにされた残留婦人・孤児が辿った苦難の道のり。
2、400円

270-9
我愛成都
●中国四川省で日本語を教える
芦澤礼子著
中国・成都で日本語を教えて6年、素顔の中国と教え子たちの現在・過去・未来を紹介。
1、700円

832-9
ちっちゃな捕虜
リーセ・クリステンセン著 泉 康夫訳
インドネシアで何があったのか?! 日本軍抑留所を果敢に生きたノルウェー人少女のものがたり。
2、700円

674-5
橋の下のゴールド
●スラムに生きるということ
マリリン グティエレス著 泉康夫・訳
フィリピン社会に一石を投じたルポルタージュ！
1、400円

215-0
アジア各国事情
ヘン・キムソン画・田村宏嗣解説
痛快無比！ 異色のアジア風刺漫画。
1、500円

562-5
日本の柔道 フランスのＪＵＤＯ
溝口紀子著
硬直した日本の柔道界に風穴を開ける！
1、700円

この出版案内の表示価格は本体価格で、別途消費税が加算されます。

◈ 平和憲法を読む ◈

658-5
憲法ドリル●現代語訳・日本国憲法
中村くみ子編著
難しいと思っていた憲法も、ざっくり読んでゆるりと学び、楽々わかって目からウロコ！
1,200円

189-4
劇画日本国憲法の誕生
古関彰一著　勝又進画
日本国憲法の誕生を、漫画家と憲法研究者が組んでダイナミックに描く。
1,500円

242-6
【資料と解説】世界の中の憲法第九条
歴史教育者協議会編著
戦争違法化・軍備制限をめざす宣言・条約・憲法を集約した、使える資料集。
1,800円

185-6
日本国憲法 平和的共存権への道
星野安三郎・古関彰一著
「平和的共存権」の提唱者が、世界史の文脈の中で、平和憲法への核心を説く。
2,000円

840-4
憲法改正と戦争 52の論点
清水雅彦著
立憲主義、自民党の改憲草案、戦争法など、52の論点をあげて、批判的に検証する。
1,200円

525-0
憲法を変えて「戦争のボタン」を押しますか？
清水雅彦著
国民主権を破棄する自民党改憲案の危険性を批判。現行憲法との条文対照表付き。
1,200円

184-9
日本国憲法を国民はどう迎えたか
歴史教育者協議会編著
新憲法公布・制定当時の全国各地の動きと人々の意識を明らかにする。
2,500円

532-8
秘密保護法は何をねらうか
清水雅彦・半田滋・臺宏士著
民主主義を破壊する稀代の悪法が成立した背景と問題点を具体的に批判・検証する。
1,200円

084-2
国家秘密法は何を狙うか
奥平康弘・序　前田哲男ほか著
世論の力で廃案となった国家秘密法の狙い、スパイ天国論の虚構を打ち砕く。
780円

286-0
有事法制か平和憲法か
梅田正己著
有事法制を市民の目線で分析・解説、平和憲法との対置でその本質を解き明かす。
800円

411-6
9条で政治を変える 平和基本法
フォーラム平和・人権・環境編
今こそ、9条を現実化し、政策化すべき時だ。護憲運動の新たな展開を構想する。
1,000円

712-4
Let us think about Kyujo!
奈良勝行・瀧口優著
憲法9条について考えてみませんか！　憲法も学べ、英語授業の素材として最適の一冊。
1,400円

415-4
無防備平和
谷百合子編
9条を守れ！から一歩前に進む。無防備地域宣言運動の可能性をさぐる。
1,600円

491-8
イギリスで「平和学博士号」を取った日本人
中村久司著
苦学を重ねて英国で平和学の研究者となった著者の波瀾万丈の半生。
1,800円

この出版案内の表示価格は本体価格で、別途消費税が加算されます。

◈ 歴史の真実を探り、日本近代史像をとらえ直す ◈

739-1
明治維新の歴史
梅田正己著
近代日本の出発点を「脱封建革命」と「近代天皇制国家の成立」に分けて捉え直した新視点。
2,400円

621-9
日本ナショナリズムの歴史 I
梅田正己著
「神国思想」の展開と明治維新
日本ナショナリズムの軸となる天皇制の古代からの歴史と、その復権への道程を描く。
2,800円

622-6
日本ナショナリズムの歴史 II
梅田正己著
「神権天皇制」の確立と帝国主義への道
自由民権運動、軍人勅諭、教育勅語、憲法の制定を通してナショナリズムの骨格を描く。
2,800円

637-0
日本ナショナリズムの歴史 III
梅田正己著
「神話史観」の全面展開と軍国主義
「無謀な戦争」へと突き進んだ「神国ナショナリズム」が国を席巻した時代を描く。
2,800円

638-7
日本ナショナリズムの歴史 IV
梅田正己著
国家主義の復活から自民党改憲草案まで
敗戦で消滅した日本ナショナリズムは、日米安保の強化とともに復活、その過程を描く。
2,800円

45-1
これだけは知っておきたい 近代日本の戦争

746-9
幕末から明治期「三井」の基礎を築いた 三野村利左衛門の生涯
永峯光寿著　三野村暢禧編
渋沢栄一と共に日本の銀行制度作りに奔走し、激動の明治に名を刻んだ三野村利左衛門の人物伝。
3,000円

395-9
石碑と銅像で読む 近代日本の戦争
歴史教育者協議会編
幕末からアジア太平洋戦争まで、近代日本の「戦争」を各地に残る石碑や銅像で読み解く。
1,600円

495-6
伊藤博文を激怒させた硬骨の外交官 加藤拓川
成澤榮壽著
師は中江兆民、親友に秋山好古、正岡子規の叔父で後見人の拓川（たくせん）の評伝。
3,000円

689-9
「西郷隆盛」を子どもにどう教えるか
山元研二著
評価が難しい西郷隆盛を授業でどう扱い、子どもに教えるか？　様々な角度から迫る。
1,500円

826-8
「特攻」を子どもにどう教えるか
山元研二著
鹿児島県公立中学の教員を務めた著者による、特攻を通して平和を学ぶ実践記録。
1,900円

887-9
「近現代史」を子どもにどう教えるか

866-4
特攻隊員だった父の遺したもの
松浦寛著
父の死後に見つけた日記を読んだ著者が、特攻隊員だった父の足跡と自らの学問と信仰の道のりをたどる、親子二代にわたる戦争の記憶の旅。
2,600円

747-6
JUSTICE 中国人戦後補償裁判の記録
中国人戦争被害賠償請求事件弁護団編著
中国人たちの思いを受け止め、司法の高い壁にたたかいを挑んだ日本の弁護士・市民の記録。
2,500円

559-5
日中歴史和解への道
松岡肇著
全ての裁判で事実が認定された戦争犯罪の責任を認め、補償の道すじを説く。
1,500円

570-0
日韓会談1965
吉澤文寿著
長年未公開だった日韓会談の交渉記録約10万点の史料を分析した画期的な研究成果。
2,200円

この出版案内の表示価格は本体価格で、別途消費税が加算されます。

台湾出兵から太平洋戦争まで日本近代史を「戦争」の連鎖で叙述した新しい通史。

針突・ハジチは古くから琉球の女性に伝わってきた手甲への刺青風習。知られざる琉球の記憶。

◈フォトドキュメント／養蜂・農薬問題◈

611-0
沖縄 抗う高江の森
写真 山城博明／解説 伊波義安 1、600円
日本、アメリカ両政府の「暴走する権力」によって引き裂かれる森、生物、人々を追う。

542-7
沖縄・高江 やんばるで生きる
森住卓 写真・文 2、000円
沖縄の心に寄り添う写真家が、沖縄・高江の人々の暮らしを追うフォト・ドキュメント。

519-9
琉球の聖なる自然遺産
野生の鼓動を聴く
山城博明 写真 花輪伸一 解説 3、800円
沖縄の動植物、昆虫から風景まで、カラー写真200点でその素晴らしき自然を紹介。

125-2
沖縄 海は泣いている
吉嶺全二 写真・文 2、800円
長年の海中〃定点観測〃をもとに、サンゴの海壊滅の実態と原因を明らかにする。

346-1
夜間中学の外国人
宗景正 写真・文 1、800円
夜の公立中学に学ぶ平均年齢70歳の在日韓国・朝鮮人や中国残留孤児の素顔を記録。

〃駆け足〃で学んだ日本近現代史を学び直す。中学校社会科教師が厳選した20の近現代史。

米軍の劣化ウラン弾の放射能に苦しむイラクの子どもたちの実態を伝える写真記録。

347-8
イラク 占領と核汚染
森住卓 写真・文 2、000円
米軍による軍事占領と劣化ウラン弾による核汚染の実態を、鮮烈な写真と文で伝える。

470-3
新版
セミパラチンスク
●草原の民・核の爪痕
森住卓 写真・文 2、000円
旧ソ連の核実験での半世紀に及ぶ放射能汚染の実態を、現地取材・撮影で伝える。

308-9
中国人強制連行の生き証人たち
鈴木賢士 写真・文 1、800円
戦時下、日本に連行された中国人の苛烈な実態を、生き証人の姿と声で伝える。

446-8
里山再生を楽しむ
まったけ山〃復活させ隊〃の仲間たち
吉村文彦&まったけ十字軍運動編著 1、600円
まつたけ山復活、里山再生を願いユニークな活動を続ける人々の5年間の記録。

864-0
新版 知らずに食べていませんか?
ネオニコチノイド
水野玲子編著 1、800円
毎日食べているお米や野菜・果物に使われている農薬について、いま知っておきたいこと。

蜂家をめざす人までのための入門書。

469-7
家族になったニホンミツバチ
DVD付き
久志冨士男著 3、000円
「蜂＝刺す」の〃常識〃を覆す、世界初の発見をDVDの映像で伝える。

530-4
みつばち飼う人この指とまれ!
●ニホンミツバチ飼育実践集
御園孝編 2、000円 品切れ中
蜂ガール、蜜蜂仙人など全国29人の養蜂家が綴ったニホンミツバチ飼育実践記。

619-6
生態系の王者 オオスズメバチ
●ミツバチを飼う人のために
DVD付き
御園孝著 2、500円
オオスズメバチを知れば養蜂も一層楽しくなる! オオスズメバチのすべてをDVDとともに。

798-8
ニホンミツバチが日本の農業を救う
新装版
久志冨士男著 1、700円
日本の自然を太古から守ってきた野生種のニホンミツバチ。その生態の不思議に迫る。

500-7
虫がいない 鳥がいない
久志冨士男・水野玲子編著 1、500円
百群以上のミツバチが突然絶滅した。ネオニコチノイド系新農薬の恐ろしさを警告する。

この出版案内の表示価格は本体価格で、別途消費税が加算されます。

◈ 沖縄の歴史と真実を伝える ◈

763-6
沖縄平和ネットワーク 大島和典の
歩く 見る 考える沖縄
大島和典著 1、600円
沖縄平和ガイドのスペシャリストが、「沖縄の見方・歩き方」の奥義を伝授する!

529-6
新・沖縄修学旅行
梅田正己・松元剛・目崎茂和著 1、300円
沖縄戦を、基地の島の現実を、また沖縄独特の歴史・自然・文化を豊富な写真で解説。

372-0
修学旅行のための沖縄案内
目崎茂和・大城将保著 1、100円
亜熱帯の自然と独自の歴史・文化を持つ沖縄を、元県立博物館長と地理学者が案内する。

778-0
首里城地下
第32軍司令部壕
牛島貞満著 1、500円
首里城の復興・再建が注目される今、地下司令部壕を戦争遺跡として保存・公開を提案する。

634-9
沖縄からアメリカ 自由を求めて!
画家 正子・R・サマーズの生涯
正子・R・サマーズ著 1、600円
身売りで遊廓へ、沖縄戦を生き抜き、戦後渡米して画家となった女性の壮絶な一代記。

806-0
沖縄「平和の礎」はいかにして創られたか
高山朝光・比嘉博・石原昌家編著 1、700円
沖縄戦戦没者の名前を国籍を問わず刻銘する「平

539-7
法廷で裁かれる日本の戦争責任
瑞慶山茂責任編集 6、000円 品切れ中
戦後、日本の裁判所に提訴された戦争責任を巡る50件の裁判を解説。

592-2
法廷で裁かれる沖縄戦【訴状編】
瑞慶山茂編 5、000円
沖縄戦を遂行した国を被告に、沖縄戦民間被害者が初めて提訴した国家賠償訴訟の全貌を「訴状」で明らかにする。

596-0
法廷で裁かれる沖縄戦【被害編】
瑞慶山茂編 5、000円
沖縄戦民間被害者が提訴した国賠訴訟の全貌を、79名の原告の被害の詳細な陳述、PTSD等の精神被害の実態で明らかにする。

645-5
法廷で裁かれる南洋戦・フィリピン戦【訴状編】
瑞慶山茂編 5、000円
多くの民間人玉砕の戦場となった南洋戦・フィリピン戦。戦争を遂行した国を被告にした訴訟の全体像を、「訴状」から読み解く。

655-4
法廷で裁かれる南洋戦・フィリピン戦【被害編】
瑞慶山茂編 5、000円
国賠訴訟45名の陳述書、さらに戦争に起因する精神被害と診断された28名の診断書・鑑定書から、今も続く戦争被害の重さを伝える。

794-0
沖縄発 記者コラム
沖縄の新聞記者
琉球新報社＋安田浩一編著 1、800円
誰のために、何を、どのように書くか。

240-2
沖縄一中鉄血勤皇隊の記録(上)
兼城一編著 2、500円 品切れ中
14～17歳の〃中学生兵士〃たち「鉄血勤皇隊」が体験した沖縄戦の実相。

351-5
沖縄一中鉄血勤皇隊の記録(下)
兼城一編著 2、500円
〃鉄の暴風〃下の戦闘参加、戦場彷徨、捕虜収容後のハワイ送りまでを描く。

449-9
米軍政下の沖縄
アメリカ世《ゆー》の記憶
森口豁著 1、600円
日本が高度経済成長へ走り始めた頃、沖縄は米軍政下だった。その時代を写真で語る!

682-0
沖縄処分 台湾引揚者の悲哀
津田邦宏著 2、800円
一九四五年敗戦時、沖縄は三度目の処分をされた。日本政府の一貫した沖縄軽視の姿勢を検証する。

603-5
沖縄・憲法の及ばぬ島で
川端俊一著 1、600円
戦後の沖縄を新聞記者はどう伝えてきたのか。朝日新聞紙上で連載された「新聞と9条—沖縄から」を基にして、加筆・再構成して刊行。

581-6
まちかんてぃ! 動きはじめた学びの時計
珊瑚舎スコーレ編著 1、700円
沖縄戦、戦後の混乱、貧困…60年待ち続けた学

この出版案内の表示価格は本体価格で、別途消費税が加算されます。

で近臣でありながら野心に駆られて干戈《かんか》（たてとほこ）を交えたあげく、共に亡んでいった護佐丸・阿麻和利の乱（一四五八年）の直後だったのだ。

　志魯・布里の乱では首里城が炎上し、明国皇帝から下賜された銀印も消失した。故尚金福王の跡を継いだのは王弟の尚泰久で、新王は事の経緯を明国、日本、朝鮮に使者を派遣して報告するとともに、明国皇帝には消失した銀印の再交付を懇願して認められ、明国を盟主とあおぐ冊封体制の一員としての国際的地位は認証された。

　志魯・布里の乱で消失した首里城正殿はやがて再建され、仏教に帰依した尚泰久によって、君臣道合・蛮夷不侵・国家安泰の願いをこめて鋳造させた銅鐘「万国津梁の鐘」が、正殿にかけられたのである。

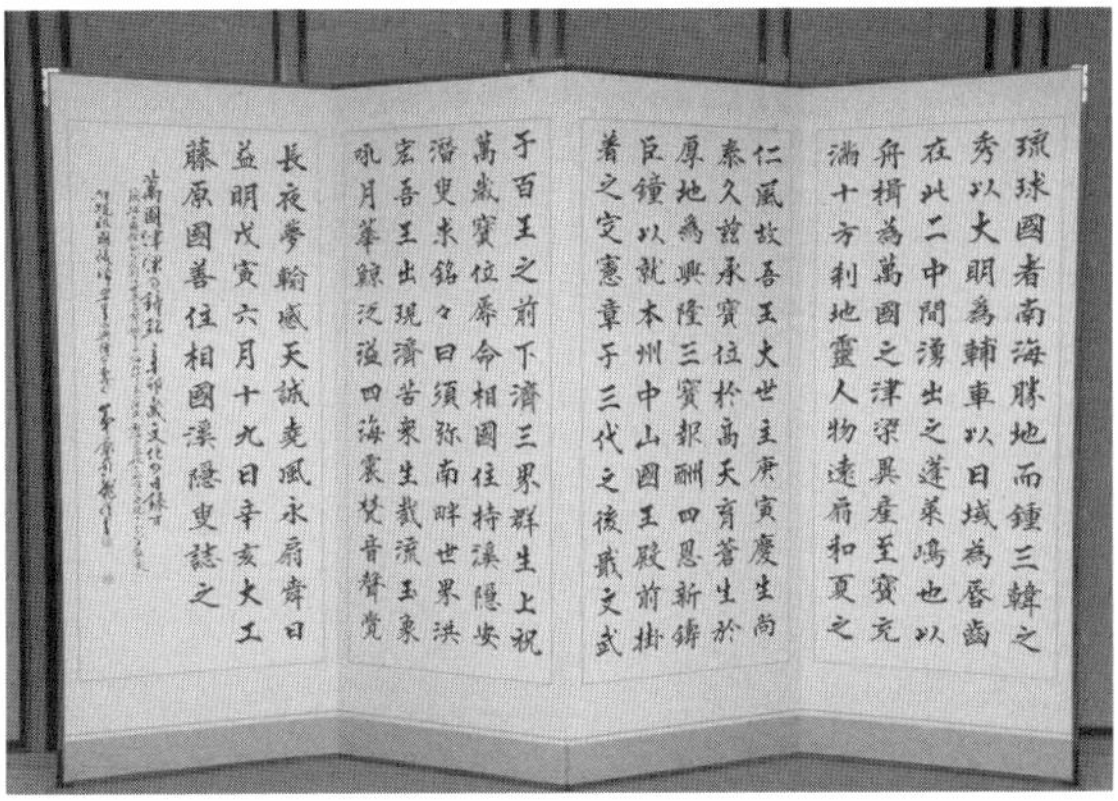

沖縄県庁のホームページより転載

ところが、尚泰久の世からおよそ五〇〇年後、首里城も銅鐘も思わぬ危機に遭遇したあげく、波乱をこえて今日に至っている。

銅鐘にふりかかった危機の第一弾は、戦時中の廃品回収運動だった。昭和一六（一九四一）年に沖縄県は資源回収協議会を設置し、市町村を通じて廃品回収運動を展開した。昭和六年の満州事変からはじまったアジア太平洋戦争はますます拡大し、戦争の長期化とともに国内の金属資源は枯渇していた。

昭和一八年には金属類非常回収の実施要項を強化して半強制的に献納させ、本土の軍需工場に運ばれていった。とくに兵器生産の材料になる銅製の梵鐘《ぼんしょう》や銅像などは根こそぎ没収され、兵器工場に送られた。

ただし、尚泰久が鋳造させた「万国津梁の鐘」をはじめ各地の寺社に寄進されていた三十数個の梵鐘のうち、首里城北殿の郷土博物館に収蔵されていた二十数点の梵鐘については、美術家連盟の必死の請願運動でからくも献納からはずされることになった。

沖縄郷土博物館（館長・島袋源一郎）は、昭和一一年に沖縄教育会が中心になって首里城北殿に開設されたばかりであった。この新しい施設が尚泰久時代の文化財を保護するシェルターの役割をはたしたのだ。

ところが、それから数年たった昭和二〇年四月、沖縄攻略作戦を開始した米軍はまっさきに首里城をねらって艦砲弾と爆弾の雨を集中させた。首里城の地下には前年春に沖縄に移駐してきた沖縄守備軍（第32軍）の軍司令部壕があったからである。

琉球王国のシンボルであり国宝でもあった首里城は、数カ月におよぶ〝鉄の暴風〟にたたかれてガレキの山となり、城内北殿に開設された郷土博物館も収蔵品もことごとく粉砕されてしまった。

跡に残ったのは城郭の石垣の一部と、傷だらけの数個の梵鐘と龍柱の頭部だけだった。首里城を占領した米軍の戦闘部隊は、傷だらけの「万国津梁の鐘」を戦利品として押さえた。鐘の側に手柄顔で立っている米兵の写真が米軍戦史に掲載されている。

さいわい鐘は琉球文化に理解のあるハンナ少佐のはからいで、県立博物館の前身となる東恩納陳列館に展示された。その後、首里博物館、旧県立博物館へと引き継がれて現在はおもろまちの新しい県立博物館・美術館に展示されている。いわばこの由緒ある銅鐘は県立博物館のヌシのような尊い存在なのである。

私が首里の旧博物館に勤務していたころ、ロビーに鎮座しているこの巨鐘をしみじみ観察したことがあった。銅鐘は高さ一五四・五センチ、口径九四センチ、重さ六〇〇キロ。鐘面いたるところ強烈な火炎をあびてもろくなっており、とても撞木に耐えられるものではない。とくに竜頭の部分の痛みがはげしく、吊り下げることもかなわない。

何より目をひくのは全面に散乱した弾痕である。貫通した穴もあれば破片がかすった跡もある。主なものだけでも二二カ所の弾痕を数えることができる。さいわい四区に分けて刻まれた約一二〇字の銘文は二、三文字をのぞいて、ほぼ全文を読み取ることができた。

鉄の暴風を生き残った人びとは、自称「艦砲ヌ喰残サー」と自嘲ぎみに語ることがある。この銅鐘もある意味で「艦砲ぬ喰ぇー残さー」なのかとしみじみ眺めていると、妙な親密感がわいてくる。

あの地獄の戦場から生きのびて満身創痍になりながらも、「琉球国者南海勝地而……」と遠い彼方からのメッセージを伝えようとしているこの銅鐘の本心は何だろうと、つい余計な空想にまで走ってしまう。

❇「鉄の暴風」の光景

二〇一四年の六月二三日「慰霊の日」、糸満市摩文仁《まぶに》の平和祈念公園で正午の時報に合わせて催された沖縄県主催「沖縄全戦没者追悼式」が終わると、私は例年の巡礼コースを変えて、沖縄師範健児之塔の慰霊祭へ参列した。健児の塔は摩文仁岳の海がわの崖下に建立されていて、沖縄師範学校男子部生徒で編成された鉄血勤皇師範隊《てっけつきんのうたい》の戦没者三〇七柱が合祀されている。

沖縄師範健児之塔

沖縄師範学校の慰霊祭に参列することになったのは、野村流古典音楽保存会の玉城政文会長からのお誘いがあったからである。ふだん芸能関連協議会の役員として

沖縄師範健児之塔慰霊祭（2014年6月23日）

お世話になっている先生が師範学校の同窓生として、毎年の慰霊祭で野村流保存会の皆さんをひきつれて鎮魂の演奏を奉納されていることを知ったばかりであった。

玉城会長のお話では、師範学校の同期生のうち約八〇名が学徒隊などに召集され、同期生だけでも四〇名余がこの慰霊塔に祀られているという。

「いまでは同期生で残っているのは向こうに立っている彼と二人だけ」と淋しそうにつぶやかれた。

慰霊祭に参列された同窓生や遺族や関係者など約一二〇名がしめやかに焼香されるあいだ、保存会の古典音楽の演奏はおもおもしく

地面に現れた艦砲弾の破片

続いた。歌詞のなかの「波の声も止まれ、風の声も止まれ、静かなる御世のお願げしゃびら」という歌詞は、玉城会長の自作だという。

私はテント張りの参列者席の後尾に立って式典の模様をカメラにおさめていたのだが、ふと足下を見ると一〇センチほどの赤さびた固まりが地表に浮き出している。何だろう、と手にとってみると、ズシリと重い鉄の破片だった。「まさか…」と思って辺りを見まわすと、さらにもう一個がみつかった。子細に調べてみると、まちがいなく砲弾の破片だ。終戦直後は島中いたるところに散乱していたもので、艦砲弾の破片にまちがいない。

「鉄の暴風」となって多くの島びとの命を奪った凶器の片割れが、鎮魂と平和祈願の演奏を続けているこの神聖な場面に姿を現すとは、何という皮肉だろう。私はその鉄の破片をポケットにしまって持ち帰ったが、その夜はなかなか寝つけなかった。

実は、あの師範健児之塔の立っている場所は、沖縄戦の当時、私がいま住んでいる百《ひゃく》名《な》集落の女子青年団の娘たちが、眼前の敵艦隊から撃ち込んでくる「鉄の暴風」の餌食にされた最期の場所でもあったのだ。その凶器の破片二個を、自分は偶然にも見つけ持ち帰ってきたというわけだ。

私は、まさにあの時、あの場所で、村の娘たちが艦砲弾の餌食になった悲劇を再確認しようと思いついて、『玉城村史《たまぐすくそんし》』に私自身が取材し記録した証言記録「百名女子青年団の記録」（『玉城村史6・戦時記録編』）を読みかえした。

以下に紹介するのは、二〇一三年に八五歳の長寿を祝った大城タケおばさんの戦場体験談である。

……自分たちは球《たま》部隊の炊事班のような仕事をしていましたが、戦争がはげしくなってからは、玉城ガー（井戸）の下にある陣地に移動して、一〇〇名の女子青年団と合流しました。この壕では負傷兵の世話をしたりして救護班のような仕事をさせられました。

……敵がだんだん近づいてきて、艦砲も爆弾もはげしくなってきたので、部隊の兵隊たちからは、「やがて友軍の飛行機が助けに来るから、それまで南の方へ移動して待機するように」言われて、摩文仁の方に向うことにしました。途中、日本兵に止められて、「自分勝手に行動してはならない」とか「手榴弾はもっているか」などと怒られましたが、摩文仁をめざして歩き続けました。

……途中の道には避難民が右往左往していましたし、道ばたで亡くなった人もたくさんいました。小さい子どもが亡くなったお母さんのオッパイを吸っているんですよ。わたしたちが通ると、「お姉ちゃん助けて！」と足にしがみついてくるんですが、それを振り払ってどんどん逃げていくんです。

あの子たちのことを今から考えると後悔して胸がいたみますが、あの時は、自分が生きることしか考えられない状態でした。

……摩文仁では、死体がいっぱい倒れていて、とても想像もつかないような死体の数ですよ。死体のなかに足を突っこんだり、踏みつけながら今の健児之塔のところから降りていくと井戸がありますが、その井戸の上のほうの岩の下にかくれました。

井戸に水をくみに行くと、水の中に死体が浮かんでいるのですが、それでも水は飲まないと生きられないので、そんな水をのんでいました。

……六月の何日だったか、海上の船からは、アメリカ兵が「戦争は終わりました。出てきなさい。出てきなさい」とスピーカーで呼びかけていました。それで緊張もゆるんだのか、崖の下の日当たりのいい場所へ出てシラミ取りをやっていたんです。そこへとつぜん直撃弾がとんできて、たぶん艦砲の弾だったと思いますが、ものすごい音がして煙につつまれてしまいました。

何が起こったのかすぐにはわかりませんでした。煙が晴れてくると、だれも側にいないんです。でもよく見ると、後に居るトミちゃんの両足がわたしの側につきだされて、両足とも足先がちぎれてしまって、大量の血がふきだしているんです。

トミちゃんが、「水ちょうだい、水ちょうだい」と泣き叫ぶんです。でも、水はどこにもない。どうすることもできません。トミちゃんは出血多量で、苦しそうにそこらにある草や落ち葉まで口に入れてもがいているんです。そのうちトミちゃんはだんだん力が弱ってきました。その時、トミちゃんは苦しそうに息をしながら、わたしにこう言ったんですよ。

「あんたは、わたしたちみんなが見守ってあげるから、あんた一人だけでも生きて、わたしたちが死んだ様子を家族に報告してちょうだい」というんです。

今から思えば、一七歳の少女ともおもえないしっかりした遺言でしたね。わたしはもう自分だけ生きていようという気持ちもなかったのですが、トミちゃんのほかは即死だったようで、九人のなかから生き残ったのはわたしひとりですから、みんなの最後の様子を遺族につたえなければならない責任があるわけです。

……摩文仁から百名の方向はわかりますから、もう死ぬのなら自分の部落へ行ってから死んだほうがいいと頭にありますから、東へ東へ歩いていきました。（以下省略）

❊ソテツ地獄

孤島苦の琉球・沖縄の歴史を象徴する言葉として、「ソテツ地獄」は歴史用語として定着している。

大正末から昭和初期にかけての慢性的な不況に苦しんだ農村の惨状を報道する記事に、町方育ちの新聞記者たちが用いて流行語になった。こういう決まり文句は内容を単純化して誤解を生みやすい。

誤解の第一は、ソテツの食べ方だ。町方の人たちはソテツ食というとあの可憐な赤い実を食べると勘ちがいする。またソテツ食が恐慌期に限られた異常なできごとだと思わせる。

そもそも「ソテツ地獄」というグロテスクな形容が実態とはかけはなれている。

農村育ちの私たちの感覚では戦前から終戦直にかけて、ソテツは庶民の常食だったのである。一九三九（昭和一四）年の国頭《くにがみ》地方での食生活調査をみると、常時ソテツを主食としている家庭が二％、混食ともなると過半数がそうだと答えている。

昭和十年代の戦時経済統制時代になると、沖縄県は蘇鉄《そてつ》取締令を公布してソテツ伐採業者を許可制とし、伐採後は補植を義務づけたりしてソテツ林の保護につとめている。昭和一六年ごろには伊是名《いぜな》の屋那覇《やなは》島に蘇鉄澱粉《でんぷん》工場が設立され、今帰仁《なきじん》方面から一本一円の値で買い集めている。

工場は空襲で焼けるまで戦時食糧の増産にフル回転していたという。沖縄戦の最中は沖縄全域でソテツ食を経験したし、最近では一九六六年九月の第二宮古島台風が記憶に新しい。

最大瞬間風速八五・三メートル（気象庁史上最大）の暴風が三八時間も吹き荒れ、農作物は全滅した。交通・通信は途絶、上下水道は断水、全島で停電がおこり宮古島は完全に孤立状態におちいった。

このとき島民の命の綱となったのが、島中の山野に自生しているソテツだった。ソツ食は決して遠い昔の話ではなかったのである。

私が村史編集委員として調査に参加した渡名喜島《となき》（村）では、本土復帰のころまで「スーティーチャーユー（ソテツ世）」という言葉が、昨日のことのように伝わっていた。ソテツのデンプンは決して美味ではない。その味は苦世（不幸な時代）そのものの味だったかもしれない。それでもソテツが食えるうちは「ソテツ極楽」であって、ほんとの地獄は、そのソテツさえ食いつくした先にあったというのだ。

では、真の「ソテツ地獄」とはどのようなものだったのか、渡名喜島で聞いた実例を紹介しよう。

一九四一（昭和一六）年に県内は四〇年ぶりという大干ばつに見舞われた。渡名喜のような小さな島々では米も麦も芋（さつまいも）などの主食が底をつき、ソテツが常食になった。

ソテツは太くて短い根っ子にデンプンがふくまれている。表皮を削り落として芯の部分を指の長さぐらいに短冊状に薄く刻んで乾燥させてから二、三日水に浸してアクを抜く。これに弧をかぶせて発酵させてから毒抜きをする。

短冊状のまま炊いて食べてもいいし、澱粉に加工してから料理してもいい。毒をぬくのに一週間から一〇日ほどはかかる。毒抜きを完全にやらないと中毒して、命取りになる。

ところが飢餓状態に追い込まれた人びとのなかには飢えには勝てず、日数のかかる毒ぬきを待ちきれずに、半端な処理で食べてしまって中毒死してしまった。

つまりソテツ澱粉さえ満足に食べられない窮状を、「地獄」というのだ。

沖縄全域の「ソテツ地獄」は一九四五（昭和二〇）年三月の沖縄戦とともにはじまった。米軍は慶良間《けらま》諸島に集結していたから、周辺離島と沖縄本島の連絡はさえぎられ、食糧の配給がとぎれてしまった。

麦や粟はまもなく食べ尽くしてしまい、島に残っていた島民の命をつなぐものはソテツと野草だけになってしまった。

近海は米軍の舟艇がうようよしているので海のものを採りにいくことができない。やがて栄養失調で病死するものがでた。ソテツ中毒で死人が出はじめた。数カ月がたち、島中のソテツはことごとく食べつくしてしまった。栄養失調で病死する者が続出した。

米軍戦闘部隊が上陸しなかった渡名喜島では、島内で直接銃弾を受けて死亡したのは一二名だが、飢えと病で死亡したのは三〇名以上にのぼっている。さらに漁業挺身隊などの戦死者を含めると戦争犠牲者は二〇〇名あまり。村人口の一二パーセントにのぼる。

島中のソテツを食べつくした渡名喜の人びとは、闇夜にかくれてサバニ（小舟）でとなり島の粟国《あぐに》へ脱出した。粟国島はソテツの宝庫であった。粟国島の人びとからソテツを分けてもらった渡名喜島の人びとは、ようやく命の綱をつなぎとめることができたという。

※島くとぅばの反戦歌「艦砲ぬ喰ぇー残さー」

六月二三日「慰霊の日」に沖縄師範健児之塔の慰霊祭に参列したおり、たまたま足もとに見つけた艦砲弾の破片二個をひろってきて書斎に飾ってあるが、それ以来、「艦砲ぬ喰ぇー残さー」という島歌が頭から離れなくなった。この歌の歌碑が読谷に建立されたというニュースは聞いていたので、この機会に訪ねてみようと思い定めて、八月はじめに現地に車をとばしてみた。

歌碑は読谷村《よみたんそん》楚辺《そべ》の海端に建っていた。

色とりどりの珊瑚礁の海を背景にして黒っぽい石碑が横たえてある。碑面に「艦砲ぬ喰ぇー残さー」の歌詞が刻まれており、その下に一節一節に対応させた標準語訳の石版が並べてあり、ボタンを押せば歌も聞けるようにオーディオ装置が設置してある。

２個の艦砲弾の破片

私がまず興味をひかれたのは歌碑が立つこの読谷村楚辺という場所が、沖縄の戦前・戦中・戦後史を語るにかかせない典型的な位置にあることだった。

歴史をさかのぼれば、読谷は歌三線（ウタサンシン）の創始者とされるアカインコ（赤犬子）が活躍した土地であり、楚辺には「赤犬子終焉之地」の記念碑もある。その伝統もあって読谷村はいまでも古典音楽や民謡のさかんな土地柄で、毎年三月四日の「サンシンの日」には村内の中央会場から歌三線の合同演奏曲が発信され、全国はおろかハワイや南米の同好会にまで電波で届けられる。

「艦砲ぬ喰ぇー残さー」の作者である比嘉恒敏（一九一七〜一九七三年）が生涯をとおしてウタサンシン（歌三線）の道を歩み、さらには四人の娘たちにきびしい稽古をつけて姉妹民謡グループ「でいご娘」を育てあげたのも、やはりこの地の伝統的な文化風土に根ざしたものと思われる。

ところがこの伝統ある文化村がまっさきに「戦場の村」となり「基地の村」になってしまったのは歴史の皮肉というべきか。アジア太平洋戦争末期の一九四四年夏、日本軍は突然、それまでは軍隊や基地とはまるで無縁だった島々に大挙して移駐してきた。

この小さな島々に一五個もの飛行場を建設して本土防衛のための「不沈空母」とする戦略だった。農民の土地をとりあげ住民を根こそぎ動員して、まっさきに建設したのが読谷飛行場であった。

一九四五年四月一日、米軍は一八万五〇〇〇人の上陸部隊を発進させて沖縄本島上陸作戦を開始、最初のターゲットは読谷飛行場と嘉手納《かでな》飛行場であった。米軍が読谷海岸に上陸した直後、逃げ場をうしなったチビチリガマの避難民は「集団自決」に追い込まれ、地獄のような洞窟内で八三人が犠牲になった。

読谷飛行場は米軍に占領され、日本本土への進撃基地として拡張・整備されたが、本土進攻作戦は発令されぬままに日本の降伏で戦争は終わったかにみえた。ところが、米軍占領下の沖縄では「戦さ世」はさらに続いた。戦後になっても米軍は沖縄に居座り、台湾海峡戦争、朝鮮戦争、ベトナム戦争、イラク戦争へとたえず沖縄基地から発進していった。

比嘉恒敏一家の故里である楚辺集落は、読谷飛行場に隣接して建設された通信基地の用地となって、全面的に米軍に接収された。楚辺住民はやむなく基地周辺に新しい住宅地区を建設して、基地内の黙認耕作地へ通いながら楚辺集落としての共同体を維持している。

飛行場のほうはようやく返還へ向けた動きがみられるが、米軍通信基地が居座る楚辺地区の住民はいつの日に父祖の地に戻れるのか、見通しも立たない。

戦さ世の悲劇は比嘉恒敏の個人史にも重なってくる。

戦時中は大阪に出稼ぎに出ていたが、大阪空襲で妻と次男が防空壕ごと潰されてしまった。一方、沖縄在の両親と長男は疎開船に乗って本土へ向かう途中、米軍の魚雷で船が沈められて三人とも帰らぬ人となった。

戦後は読谷に引き揚げてきて再婚、時計の修理工をしながら村の青年たちに歌三線を教えていたが、七人の子宝に恵まれたおかげで四人の娘たちを特訓して、民謡グループ「でいご娘」を世におくることができた。

この娘たちがやがて父親の遺志を継いで、父が遺した名曲を継承・発信していく役割を

読谷村楚辺の歌碑の全景

になうことになる。

ところが、米軍支配下の沖縄では「イクサ世の悲劇」はさらに絶えない。日本復帰の翌年、一九七三年一〇月一〇日夜、演奏を終えた比嘉一家が国道58号線を走っていたところ、酔っぱらい運転の米兵車両が後から二重追突、妻シゲは即死、恒敏自身も四日後に死亡、享年五六だった。

世間では比嘉恒敏が短い生涯で残した宝物が二つあるといわれる。一つは名曲「艦砲ぬ喰ぇー残さー」。二つ目は父が残した遺作を歌い継いでいく四人の娘の民謡グループ「でいご娘」。

沖縄調の反戦歌ともいわれる「艦砲ぬ喰ぇー残さー」は作者の死後二年後にレコード化され、海洋博ブームにものって全国にひろがっていった。

艦砲ぬ喰ぇー残さー

作詞・作曲　比嘉恒敏／訳詞・朝　比呂志

1
若さぬ時ねー　戦争ぬ世　（ワカサルトゥチネー　イクサヌユー）
若さる花ん　咲ちゅーさん　（ワカサルハナン　サチユーサン）
家ん元祖ん　親兄弟ん　（ヤーングヮンスン　ウヤチョウデーン）
艦砲射撃ぬ的になてぃ　（カンポウシャゲキヌマトゥニナティ）
着る物　喰ぇ物むる無ーらん　（チルムン　クェームンムルネーラン）
スーティーチャー喰でぃ暮らちゃんやー　（スーティーチャーカディ　クラチャンヤー）
　うんじゅん我んにん　（ウンジュンワンニン）
　いやーん我んにん　（イヤーンワンニン）
　艦砲ぬ喰ぇー残さー　（カンポーヌクェーヌクサー）

（訳詞）若い時分には戦争ばかり
若い花も咲かさずじまい
家屋敷　ご先祖　肉親
艦砲射撃の的になってしまい
衣　食　何もかも失い
蘇鉄を糧にして暮らしを立てたもの
あんたも　わたしも
おまえも　おれも
艦砲の喰い残し

2

神ん仏ん　頼ららん　（カミンフトゥキン　タユララン）
畑や金網　銭ならん　（ハルヤカナアミ　ジンナラン）
家小や風ぬ　うっとぅばち　（ヤーグァーヤカジヌ　ウットゥバチー）
戦果かたみてぃ　すびかってぃ　（センクヮカタミティ　スビカッティ）
うっちぇーひぃちぇー　むたばってぃ（ウッチェーヒッチェー　ムタバッティ）

肝や誠る　やたしがやー　　　（チムヤマクトゥル　ヤタシガヤー）
（くりかえし　略）

（訳詞）神も仏も頼れず　田畑は
金網囲いで　日銭にもならず
ボロ家なんで暴風にいかれ
米軍のくすね物で補い
したたかに　いたぶられ
沖縄人の心がけは正直なれど…

3
泥の中から　立ち上がてぃ　　（ドゥルンナカカラ　タチアガティ）
家内むとぅみてぃ妻とぅめてぃ　（チネームトゥミティ　トゥジトゥメーティ）
産子ん生まれてぃ　毎年産し　（ナシグァンウマリティ　メーニンナシ）
次男　三男　チンナンビー　（ジナン　サンナン　チンナンビー）
哀りぬ中にん　童ん達が　（アワリヌナカニン　ワラビンチャーガ）

笑い声聞ち　肝とぅめーてぃ　（ワライキーチチ　チムトゥメーティ）
（くりかえし　略）

（訳詞）泥の中か起ち直り
家みたいなものを建て妻をめとり
子供も産まれ年子つづき
次男三男つぎつぎぞろぞろと
苦難の道ではあれ
子らの笑い声は心を落ち着かせる

4

平和なてぃから　幾年か　（ヘイワナティカラ　イクニンガ）
子ぬ達んまぎさなてぃ居しが　（クワンチャーンマギサナティウシガ）
射やんらったる　山猪ぬ　（イーヤンダッタル　ヤマシシヌ）
我が子思ゆる如に　（ワガックヮウムユルグトゥニ）
潮水又とぅんでぃ思れー　（ウスミジマタトゥンディウムレー）

夜ぬ夜ながた　眼くふぁゆさ　　（ユルヌユナガタ　ミークファユサ）
（くりかえし　略）

（訳詞）平和の世を迎え何年経ただろうか
子らも生長していくと
射りそこないの猪が
わが子を案じるごとく
（苦い）潮の水は二度との想いで
夜っぴて眠れぬ日もあり

5

我親喰ゎたる　あの戦争　　（ワーウヤクァタル　アヌイクサ）
我島喰ゎたる　あの艦砲　　（ワーシマクァタル　アヌカンポー）
生まれ変わてぃん　忘らりゆみ　（ウマリカワティン　ワシラリユミ）
誰があぬじゃま　しー出ちゃが　（ターガアヌジャマ　シーイジャチャガ）
恨でぃん悔やでぃん飽きじゃらん（ウラディンクヤディンアキジャラン）

子孫末代　遺言さな　（シスンマチデー　イグンサナ）
うんじゅん我んにん　（ウンジュンワンニン）
いゃーん我んにん　（イヤーンワンニン）
艦砲ぬ喰ぇー残さー　（カンポーヌクェーヌクサー）

（訳詞）　わが親喰らったあの戦
が島喰らったあの艦砲
生まれ変わったとて忘るものか
恨んでも悔やんでも飽きたりない
子孫末代まで遺言しよう
　あなたも　わたしも
　おまえも　おれも
艦砲の喰い残し

＊なお、二〇一二年一一月一一日の「艦砲ぬ喰ぇーぬくさー」歌碑建立準備コンサート（読谷村文化センター）で歌う「でいご娘」の様子がYouTubeでアップされている。
http://www.youtube.com/watch?v=yzQCYrm5ssg

❇島田知事と「台湾米」のナゾ

二〇一四年の旧正月明け早々の二月八日、摩文仁丘の戦跡で島田叡《あきら》知事の遺骨・遺留品の捜索活動が実施された。例年ハブが冬眠する時季に行われる恒例行事である。

島田知事、荒井退造警察部長を頂点に県職員四六八名の戦没者を合祀した「島守《しまもり》の塔」に参拝したあと、約五〇名のボランティア調査団は三日間のスケジュールで、摩文仁丘の東側絶壁一帯の洞穴を探索して歩いた。目標は、島田知事の最後を見届けた元陸軍兵長の証言にある「海岸から五〇メートル上方、ダラダラの岩場の下にあって、四つん這いで入れる横穴洞窟」を見つけること。見つけたら壕内を掘って遺骨及び慰留品を確認する、という計画だった。

戦前最後の島田叡
沖縄県知事

島田知事、荒井警察部長を頂点に県職員468名の戦没者を合祀した「島守の塔」

私もかつて県庁職員の末席を汚した者として、捜索調査団に一日だけ参加した。もちろん遺骨や遺品がやすやすと見つかるという期待はなかったが、思いがけなく旧知の田村洋三氏に再会したのが大きな収穫であった。

田村氏は大阪読売新聞社の記者時代、『新聞記者が語りつぐ戦争』（全二〇巻）で菊池寛賞を受賞した高名なジャーナリストである。私とは三〇年以上も前、沖縄史料編集所で『沖縄県史』を担当していたころに取材のお手伝いをしたご縁があったのだが、今でも名刺の肩書に「生涯一記者」をかかげて、現役として活動されている。

とくに沖縄戦については想いが深く、戦跡を踏査して体験者の証言を取材し続けておられた。

亜熱帯樹林の繁茂する摩文仁丘の崖下の険しい斜面を田村氏の尻について歩きながら、私はこの尊敬するジャーナリストから、沖縄戦記録に関するさまざまなエピソード聞くことができた。なかでも、島田知事の功績を語るに欠かせない「台湾米輸送問題」についての新説を、著者自身から直接聞くことができたのは幸いだった。

『新聞記者が語りつぐ戦争』シリーズでは沖縄現地の通説をふまえて、「島田知事の奔走にもかかわらず台湾米は沖縄には届かなかった」と記述しているが、その後、関係者の証言を求めて真相究明の取材を続け、『沖縄の島守―内務官僚かく戦えり』（中央公論新社二〇〇三年）では、「台湾米は届いていた」という一章を設けて、通説を修正する新説を発表した。

摩文仁の断崖下の樹林を分け歩きながら、私がうるさく質問したのも、「台湾米はほんとに届いたのかどうか」という一点だった。田村氏は、那覇港で実際に「台湾米」の荷下ろしを担当したという元警察部輸送課長を探し当てて直接取材したエピソードを話され、「台湾米が那覇港に届いたのは間違いない」と答えられた。

島田知事の遺骨・遺留品の捜索活動

田村氏との問答は歩きながらの軽い会話で終わったが、私にとっては重たい宿題が残った。調べてみると、米軍上陸直前に島田知事が台湾に飛んで買いつけた「台湾米」の輸送問題については、「到着しなかった説」と「到着した説」の両論があることがわかった。以下に代表的な両説を比べてみよう。

【到着しなかった説】

①浦崎康華『沖縄戦とその前後』（一九七七年）

「……二月上旬、島田知事が泉知事の後任として着任した二月上旬早々、長参謀長が県庁を訪れ、『軍は兵員の食糧を六か月分保有しているが住民に分けることは出来ない、六か月分の住民の食糧をぜひ確保してもらいたい』との要請をした。県ではさっそく真栄城、呉屋の両特使を台湾へ派遣、飯米一〇万石を買い付け、多数の船舶で送出する計画だったが、戦況は悪化し、……第一陣の三仁丸は海軍の指示により佐世保経由で沖縄へ送ることになっていたが、ついに一粒の米も送ってこなかった」

②『沖縄大百科事典』「真栄城守行」の項（一九八三年）

「四五年二月、島田叡知事の特使として台湾に渡り、飯米移入交渉に当たり、あとで渡台した知事と協力して台湾米三〇〇〇石を確保したが、基隆《キールン》で船積み待機中に米軍が沖縄に上陸した」

③荒井紀雄『記録集成・戦さ世の県庁』（一九九二年）

「島田知事は米を調達するため台湾へ飛んだが、これは仲村国頭地方事務所長の訴えを受けて北部の食糧問題を解決するためであった。島田知事は台湾総督府に知人も多く、三〇〇〇石の台湾米の移入交渉に成功したが、基隆で船積みを終えた輸送船が、海上情勢の緊迫化で出港できず、待機を重ねるうちに米軍上陸となった。……県では備蓄米を北部へ移送することを続けていたが、これも輸送力の不足でなかなか進まなかった」

【到着した説】

①八原博通『沖縄決戦―高級参謀の手記』（一九七二年）

「島田知事は、新任早々ながら非常に積極的な人で、わざわざ台湾総督府に出かけ、強談の結果、台湾米約十万袋を獲得した。そして戦闘勃発までに、至難と考えられた海上輸送にも成功した。これで責任の地位にある人々は、一応愁眉を開いたのであった」

②田村洋三『沖縄の島守―内務官僚かく戦えり』（二〇〇三年）

「『台湾米を積んだ船が今、入港した』10・10空襲で会社の機能を失い、専属の業務員達が四散した中で、単身社務に踏みとどまっていた大阪商船那覇支店長が、転げ込む様に私の部屋に入って来て、知らせてくれたのは昭和二〇年三月中旬だった。……島田知事を城岳下の仮公舎に訪ねて、積荷の数量等報告したが、その時、島田知事は、県民が多数移動した国頭郡へ陸上輸送することは、国頭郡内に陸揚げ出来る港はないか、と聞かれた」（隈崎俊武元警視『手記・沖縄戦と島田知事』より）

人口六〇万の孤島の戦場行政を任された新任知事にとって、一般県民の食糧米の確保は最優先の課題であった。島田知事が着任早々みずから台湾に飛んで、じきじきに「台湾米」を確保したというエピソードは広く知られた美談だが、その努力がはたして結果として実ったかどうかで、「到着しなかった」と「到着した」の両説に分かれたわけである。

私はこの問題を数日かけて調べて考えてみたが、両説がともに重要なポイントを見落としていることに気がついた。

島田叡知事が着任してから摩文仁の激戦場に消えるまで、わずか五か月しかない。この短期間にまっ先に決行したのが「台湾米」の買いつけであった。県知事みずから危険な空路を台湾まで飛んで、配給用「台湾米」を買いつけるとは前代未聞の出来事であり、島田知事の誠実さと責任感と行動力を物語るエピソードとして今に語り継がれている。

私自身も島田知事の人柄や功績を評価するのに人後におちる者ではないが、ただし世間一般の「偉人伝」とは別に、当時の戦場行政の実情を史実として確認しておくためには、まず、新任知事をそこまで突き動かした動機と目的が何んであったかを、明確にしなければばならない。県民の安全を思いやる誠実さとか、わが身の危険をかえりみない大胆な行動力とか、人物評論はさておき、知事をそこまで駆り立てた根本的原因は、軍司令部から県庁に指示した戦場行政の基本方針であったことを確認しておくべきである。

昭和二〇（一九四五）年二月七日、沖縄守備軍参謀長の長勇少将が新任知事に示した軍司令部の要請事項は、次の三項目に絞られていた。

①敵機動部隊は二月一五日ごろ沖縄に来攻すると観測されるが、わが軍は六か月間は沖縄で頑張れる。軍は兵員の食糧を六か月分保有しているが、住民に分けることは出来ない。県は六か月分の住民食糧を確保してもらいたい。

②既定の計画により、老幼婦女子の北部山岳地帯への緊急避難を即時開始してもらいたい。残留の非戦闘員は戦闘必至の時期に軍の指示により、一挙に北部に疎開させる。

③県外疎開は海上輸送の事情が許す限り継続する。

この時期、県外疎開者の海上輸送はほとんど不可能な戦況であり、県庁の戦場行政は県内在住の一般住民の保護対策に絞られた。

老幼婦女子の北部疎開については、前任の泉守紀《しゅき》知事が「北部には食糧がない」との理由で強硬に反対して、更迭の一因ともいわれていたが、島田知事はこれを素直に受け入れた。それだけに島田知事としては国頭疎開者の食糧確保は戦場行政の最優先事項だったのである。

島田知事の就任で戦場行政の態勢を確立した県庁は、疎開対策の人口課と食糧対策の食糧課に全機能を集約し、国頭地方事務所を窓口として北部疎開計画を実施に移した。しかし配給米の備蓄は、一日一合二勺の基準量をソテツ澱粉で補っても、疎開者一五万人をまかなうには二か月しかもたない。国頭地方事務所が関係町村長会議を開いて出した答えは、「もはや絶望的です」だった。

国頭疎開の重責を負わされた仲村謙信国頭地方事務所長は、さっそく那覇へ出張して島田知事に面会、国頭地方の食糧逼迫の事情を説明して、「国頭疎開者の食糧を何とかして欲しい」と嘆願した。

相談を受けた島田知事は「よしわかった、台湾に行こう」と即座に決断し、食糧営団の真栄城守行と呉屋春信をつれて台湾へ飛んだ。

以下は、仲村謙信著『沖縄警察とともに』（私家版　一九八三年）から引用する。

「県知事が米の買い出しに行ったというのは前代未聞で、戦時下ならではのことだっただろう。

間もなく、交渉がうまくまとまって、台湾米の確保ができた、という報せが入り、ヤレヤレと安堵の胸をなでおろしたのもつかの間、いくら待っても米が来ない。後できくと、食糧は確保できたが肝心の輸送船が手配できなくて、仕方なく知事は手ぶらで帰ってきたということだった。真栄城氏らはそのまま台湾から本土に疎開していった」


上記の著書は、仲村謙信氏の第一回沖縄県功労賞と米寿記念の胸像建立を記念して出版した私家版で、一般にはあまり知られてないが、沖縄戦前後の国頭（北部）地方の住民生活の実情を具体的に報告した貴重な実録である。

実は私自身も、沖縄史料編集所の専門員としてこの記念誌の編集・校閲のお手伝いをしたのだが、仲村氏ご本人から「島田知事が確保した台湾米が沖縄まで届いた」という話は聞いたことがなかった。

新任知事が就任早々わざわざ台湾まで飛んで、「台湾米」の買いつけに奔走したのは、国頭疎開受け入れの責任者である仲村国頭地方事務所長の強い要請を受けたのが、第一の動機だったのである。

ここでいう「台湾米」とは国頭疎開者約一五万人分の「特別配給用の台湾米三〇〇〇石」のことであって、実は、沖縄県にはこれとは別口の、「一般配給用の台湾米」も従来から移入されていたのである。


沖縄は古来コメが自給できない土地柄で、飯米は本土からの移入に頼っていた。ところが、昭和一四（一九三九）年四月の米穀配給制度の実施にともない、本土他府県からの移入米が途絶したため、政府と台湾総督府との交渉の結果、沖縄県内消費高約三六万石のうち、毎年約二〇万石を台湾から移入し、昭和一五年四月からは「臨時飯米配給要項」を設定して、台湾移入米を配給することになった（『昭和十八年知事々務引継書類』）。この一般配給米を通称「台湾米」と呼んでいたのであり、島田知事がみずから契約した飯米だけが「台湾米」ではないのである。

田村氏が取材した証言者が、那覇港で目撃したという「台湾米」が、島田知事が特約した「台湾米」（約三〇〇〇石）だったのか、あるいは年々移入される一般配給用「台湾米」

（約三〇万石）の一部だったのか、両者の数量を比較してみても前者の可能性はきわめて小さい。

結局、知事特注の台湾米は国頭地方事務所には届かなかった。その結果どうなったか、ふたたび『沖縄警察とともに』から引用しよう。

「中南部から北部への疎開者は一五万人に達した。計画倒れの地方事務所はてんてこまいで、『とにかく食えるものは何でも食べよう』と呼びかけて、ソテツ食を奨励するほかはなかった。食糧運搬に使役した馬を殺して肉を分けた。

飯米配給も四月一日から五月二〇日までの分を一括配給して、その後は打ち切らざるをえなかった。それも指定疎開者に限られ、後から来た避難民に対しては、何ら援護の手をさしのべることができなかった。

疎開者を中心とする山原での食糧難は実にみじめなもので、ほとんどが栄養失調におちいり、餓死者やマラリア患者が続出し、沖縄戦中の国頭の山の中は、文字通りの飢餓地獄と化していた」

❇泉知事の「汚名」の真相

島田叡知事に続いて、今度はその前任の知事で、「戦場沖縄を見捨てて逃げた沖縄県知事」として評判の悪い泉守紀《しゅき》知事について述べることにする。

戦前の沖縄県令・県知事二七名のなかでもっとも評判の高いのが、戦前最後の第二七代県知事・島田叡《あきら》である。二〇一三年八月、TBS系テレビで放映されたドラマ「生きろ～戦場に残した伝言～」が好評で、沖縄現地では二〇一四年の「6・23慰霊の日」にも再放映されて話題となった。さらに放送ドラマが活字化されて、『10万人を超す命を救った沖縄県知事・島田叡』（ポプラ新書　二〇一四年）という出版物にもなった。

従って、ここで島田知事の評伝を語るつもりはないのだが、島田知事や荒井退造警察部長の名声が高くなればなるほど、対極に埋もれていく前任知事の存在が気になってくる。

とにかく、沖縄の県政史上、泉守紀知事ほど評判の悪い役人はいない。戦後七五年にもなろうとする今日まで、「戦場化の沖縄から逃げた卑怯な知事」として県民の評判もよくない。

論より証拠、新聞や雑誌や映画などの悪評の一端をながめてみよう。

■『沖縄新報』(昭和一九年)

「一般指導的地位にある人々の率先垂範が求められている。ところが最近、瞬時と雖もゆるがせに出来ぬその重要な戦場を離れ、さして重要ならざる用務のため官公衙諸団体の職員が盛んに県外出張をなし交通の不円滑をいいことにして長期間を浪費し或ひは鉄砲玉の如くその侭不名誉きわまる退職手続きをなすが如き非国民的所為が見受けられ斯界矯正の声さえ台頭している。……」

「戦列離脱者、県外逃避戒む」

「職場断じて護れ離脱者は厳重処分」

「決戦を前に知事は沖縄を見捨てて逃げた」

■『日本の歴代知事』（歴代知事編纂会・編集発行）

「（泉が）本県を去ったのは、昭和二十年一月一日米軍のB29が飛来して沖縄が日米の決戦場となる可能性を予想してのことであった。泉は沖縄戦を見越して出張名目で離県し、そのまま帰任しなかった」云々。

以上、最近に至るまでさまざまな評伝は、知事を「戦場から逃げた臆病で卑怯な県知事」として定説化していたが、ここに一冊の例外が現れた。野里洋著『汚名―第二十六代沖縄県知事　泉守紀』（講談社　一九九三年）である。野里氏は泉元知事の消息を探し続けていたが、戦後四〇年目にして埼玉県の自宅をさがしあて、泉夫妻にインタービューを行うとともに秘蔵の日記帳を閲覧する機会に恵まれた。取材の経緯や日記の内容については『汚名』の原本にゆずるとして、同書を一読して強く感じたことは、「戦場化沖縄から逃げた臆病で卑怯な県知事」という風評が、当時の沖縄県守備軍によって意図的にばらまかれたものであったという驚きであり、今なお、同様

野里洋著『汚名ー第二十六代沖縄県知事　泉守紀』

戦前の沖縄県庁

のデマが沖縄現地でも受け継がれている恐ろしさであった。

一九四四年夏ごろから、中国大陸から戦闘部隊が続々と沖縄の島々に移駐してきた。兵舎の準備も間に合わず、民家を借りて住民と雑居する状態となり、兵隊たちの乱暴狼藉《ろうぜき》がひんぱんに発生し、未亡人や娘たちと兵隊たちの間に風紀問題が頻発する状況となった。

軍司令部（第32軍）としては、こうした事件は兵隊専用の遊行施設がないのが原因とみて、県当局に軍人専用の「慰安所」を設置するよう申し入れてきた。これにたいして、泉守紀県知事は、「ここは満州や南方ではない。いやしくも皇土の一部である。皇土の中に、そのような施設をつくることはできない。県はこの件については協力できかねる」と、きっぱりと拒絶した。

沖縄県庁が当然協力してくれるものと思っていた軍司令部は、泉知事の強硬な態度に驚いた。軍司令部の将校たちが再三申し入れたが、知事はそれでも態度を変えなかった。「県知事は軍の作戦に協力しないつもりか」と、軍の幹部のあいだに泉知事を非難する声が高まってきた。

泉知事にも言い分があった。最初は軍幹部のために県庁の施設を提供しろと要求され、次は県下一五か所に緊急に飛行場を建設するために県民が総動員され、そのために県外疎開が計画通りに進まなくなり、さらに今度は兵隊のために慰安所をつくれという、まるで軍政下におかれたような作戦優先の要求に県政はふりまわされ続きだった。もともと泉知事は根っからの軍隊嫌いであり、行政官僚としての使命感から次々突きつけてくる軍の不条理な要求には屈することがなかった。

当時の泉知事直筆の日記帳には、次のような記述が残っている。

「……兵隊という奴、実に驚くほど軍規を乱し、風紀を乱す。皇軍としての誇りはどこにあるのか。皇軍の威信を保ち、県民の信頼を得ること、このことが県民保護の任に在る我輩の軍司令官に対する唯ひとつの希望である」

こうした強い信念に基づいた強硬な姿勢が軍部から非難され、やがて泉知事攻撃へと発展して軍部の片棒をかつぐ新聞などの泉攻撃キャンペーンに発展していく。沖縄守備軍が県下にばらまいた泉知事攻撃のネガティブキャンペーンは戦後まで受け継がれ、今日にいたるまで泉知事の「汚名」が清算されたとはいえない。

一例として沖縄タイムス社編『沖縄大百科事典』で「島田叡」の項には約八〇〇字のスペースをとりながら、前任者の泉知事については項目さえ掲げてないという不平等な処遇である。

ただし、当時から泉知事の牧民官（地方長官）としての姿勢をたかく評価する人びともいた。『汚名』は次のように宮城嗣吉氏（沖縄出身元海軍兵曹）の証言を紹介している。

「三十二軍が沖縄に上陸してしばらくした頃でした。軍が県に慰安所をつくるよう言ってきた。泉さんはそれ以前から、軍紀が乱れて兵隊と沖縄の婦女子の間にトラブルが増えていたのを嫌っていました。沖縄を植民地のように思って振る舞う軍に対して『沖縄は皇土の一部で、占領地ではない』とたてつき、軍の慰安所設置要求などに反対していた。軍の権力に立ち向かった信念の強い、立派な知事さんでした」

ともあれ、泉知事は昭和二〇年一月、上京中に香川県知事に栄転した。後任の沖縄県知事には島田叡が就任した。新知事は覚悟の上の赴任であったから、あえて軍司令部に抵抗することなく、慰安所設置も黙認するしかなかった。

❇戦前の本土役人が描いた「沖縄人像」

県立沖縄史料編集所に勤務していたころ、『沖縄県史料』に「昭和十八年知事事務引継書類」を収録する編集作業を担当したことがあった。戦前の県庁文書が沖縄戦でことごとく失われたなかで、奇跡的に焼け残った一冊の公文書綴の原本である。

昭和一八(一九四三)年七月、第二六代沖縄県知事として赴任してきた泉守紀《しゅき》知事が前任の早川元《はじめ》から引き継いだ行政文書で、戦時下の沖縄県のありさまを知るうえで貴重な資料であり、いわば県庁役人が描いた「沖縄人の自画像」である。

私はたわむれに各課から提出された現況報告書のなかからキーワードともいうべき文言をひろって、当時の県庁役人から見た沖縄像をえがいてみた。

本県は本土を隔てる僻遠の地にありて　地域狭く人口稠密　暴風旱魃等の災害激甚　交通運輸頗る不自由なるを以て　重要産業工場殆んど皆無の状況にあり

本県財政は極度に貧弱にして　資本の余力なく　一般県民の経済状態は頗る貧弱　農家は病害虫に対する観念に乏しく　防除技術も拙劣なるを以て　水稲は病害虫の発生多く旱天の為水田は枯渇し　家畜家禽の質極めて粗悪にして　農家の困却甚だしく　病弊困憊其の極に達し　独立の意気は虚勢され　動もすれば安易の生活に馴れ　固陋にして　教養低く無統制　無駄多く進歩少く　能率甚だ少く　退嬰的にして活況を呈せざる実情に在り

保守的にして伝統を維持せるため　旧弊依然として革まらず　法的観念薄く　法令の周知徹底を欠き　市町村吏の質を云々され　其の資質の劣悪、教養訓練の不徹底、組織的計画の欠如　相互間の無益なる競争による自滅を見　時局認識の不徹底と統制経済に対する不認識より　出稼根性が強く　個人経済観念が強く　放漫になり勝であり　不整頓の気味あり

衛生思想の幼稚　育英事業の思想乏しく　らい患者は全国第一位　結核患者は全国第六位　県民の体位は全国中最下位にあり　県民の民度低く且つ習俗生活様式は他府県と異なる点あり

（原文はカタカナ表記）

戦前の基幹産業・製糖工場の様子

「よくもこれだけネガティブな文句を公文書に書き並べたものだ」と、私は当時の県庁役人たちがみずからを〝民度低ク〟などと卑下して新任知事に報告せざるをえなかった心境が切なくなってきた。こうした劣等意識が陰陽さまざまな形で噴き出してくるのが沖縄近現代史の一側面であったのだろう、とユウウツになってきた。

ところが後日、ふとあることに気がついてわがオツムをたたいた。この報告書はウチナーンチュ（沖縄人）自身が書いた「自画像」ではなかったのだ。

当時の沖縄県庁の上級役人たちは、ほとんどが本土出身者だった。県知事はじめ部長、課長クラスのほとんどは、内務省の辞令で内地（本土）から赴任してきた「ヤマトゥンチュー役人」であった。はじめて沖縄の地を踏んだ彼らが、県民をどのように蔑視し不快感をもっていたか、事務報告書はまざまざと彼らの内面を映し出していたのだ。

早川知事の後任として、はじめて沖縄の地を踏んだ泉守紀知事が、この「引継書」を読まされて複雑な心境におちいったであろうことは容易に想像できる。

ともあれ、このようなゆがんだ沖縄観をもったヤマト役人たちが、その後どのような行動をとったか。一九四四年一〇月の10・10空襲で那覇市が全焼し、沖縄の戦場化が必至の情勢になると泉知事はじめ、部課長クラスのヤマト役人たちは、本土出張の名目で沖縄を去ったまま再び帰任することはなかった。

今では沖縄で見ることがない、手の甲に針突（はじち＝刺青）をしている老女

❇「従軍慰安婦」問題の現場から

従軍慰安婦問題が国会でもジャーナリズムでも問題になって、韓国を中心として国際的に波紋を広げている。戦後も七〇年以上経っている今日、従軍慰安婦問題がいまだ尾をひいている理由の一つは、当時の朝鮮総督府の日本人役人たちが責任追及をおそれて、証拠書類となる公文書をほとんど焼却してしまったからである。

だから元従軍慰安婦や関係者の証言に頼るほかない事情があるのだが、責任者の日本政府が、朝鮮人従軍慰安婦や朝鮮人軍夫が強制的に連行されてきた現地におもむいて現地調査をしたことはなく、今後もその気はないらしい。

外地ならともかく、国内の沖縄現地でさえ政府の公式調査は行われていないし、政治家や評論家やマスコミ関係者たちも、なぜ沖縄現地へ足をはこんで実態調査に取り組もうとしないのか、不思議でならない。

今ごろ「朝鮮人慰安婦の強制連行はあったのか、なかったのか」といった次元の低い論争が続いているようだが、論より証拠、彼ら彼女たちの悲劇の現場である沖縄現地の目撃者たちの証言に、真摯に耳を傾けていただきたいものだ。


一九九二年九月に第五回「全国女性史研究交流のつどい」で発表された、「沖縄・戦争と女性・『慰安所マップ』がかたるもの」という報告書が私の手元にある。それによると沖縄守備軍（第32軍）の主力部隊が移駐してきた昭和一九年夏（六月ごろ）以降に、県内五二市町村に一二一か所の軍人専用の慰安所が設置されたことが明らかである。

一般に日本軍将兵一〇〇人に一人の割合で各部隊に配属されたと言われたが、「慰安所マップ」でも、朝鮮半島出身者約四七〇名の慰安婦たちの存在が確認されている。沖縄作戦に動員された朝鮮半島出身者としては、ほかに「朝鮮人軍夫」とよばれる朝鮮半島出身男性約一万人が連行されてきて、弾薬運びや特攻艇の発進要員などに従事させられたが、従軍慰安婦たちも軍夫たちと同じ船で朝鮮半島から運ばれてきた者が多かった。

実は、私の父・大城佐清が当時玉城村役場の職員で、私たち妻子を熊本に疎開させたあと、村民の避難対策などに奔走していたが、村内の富里、船越、港川の民家を借りて設置された後方施設（軍人慰安所）の女性たちと、連絡係として接触する機会があったという。女性たちが、次のように語っていたと証言していた。

「彼女たちは朝鮮ピーとよばれて、村の人たちとはほとんど接触はなかった。軍事機密がもれないように隔離されていた。朝鮮半島の貧しい地方の出身者が多く、現地の募集人たちによって集められた娘たちで、ミシン講習生募集などとだまされて、行先が沖縄ということも知らされないで連れてこられて兵隊の相手をさせられている、ということだった。一人だけいい家庭の娘がいて日本語が話せるからよく話をした。彼女たちのなかには終戦後もしばらく沖縄に残って、『どうせ、泥商売したんだから』と米兵の相手もして、終戦の翌年、米軍のジェット機に乗って韓国に送られたらしい」

ここで注目されるのは、彼女たちの多くが、「募集人に騙されて沖縄まで連れてこられた」と話していた、という事実である。このこと自体がいま問題になっている「強制連行」に相当するという解釈がある。

沖縄の慰安所マップ

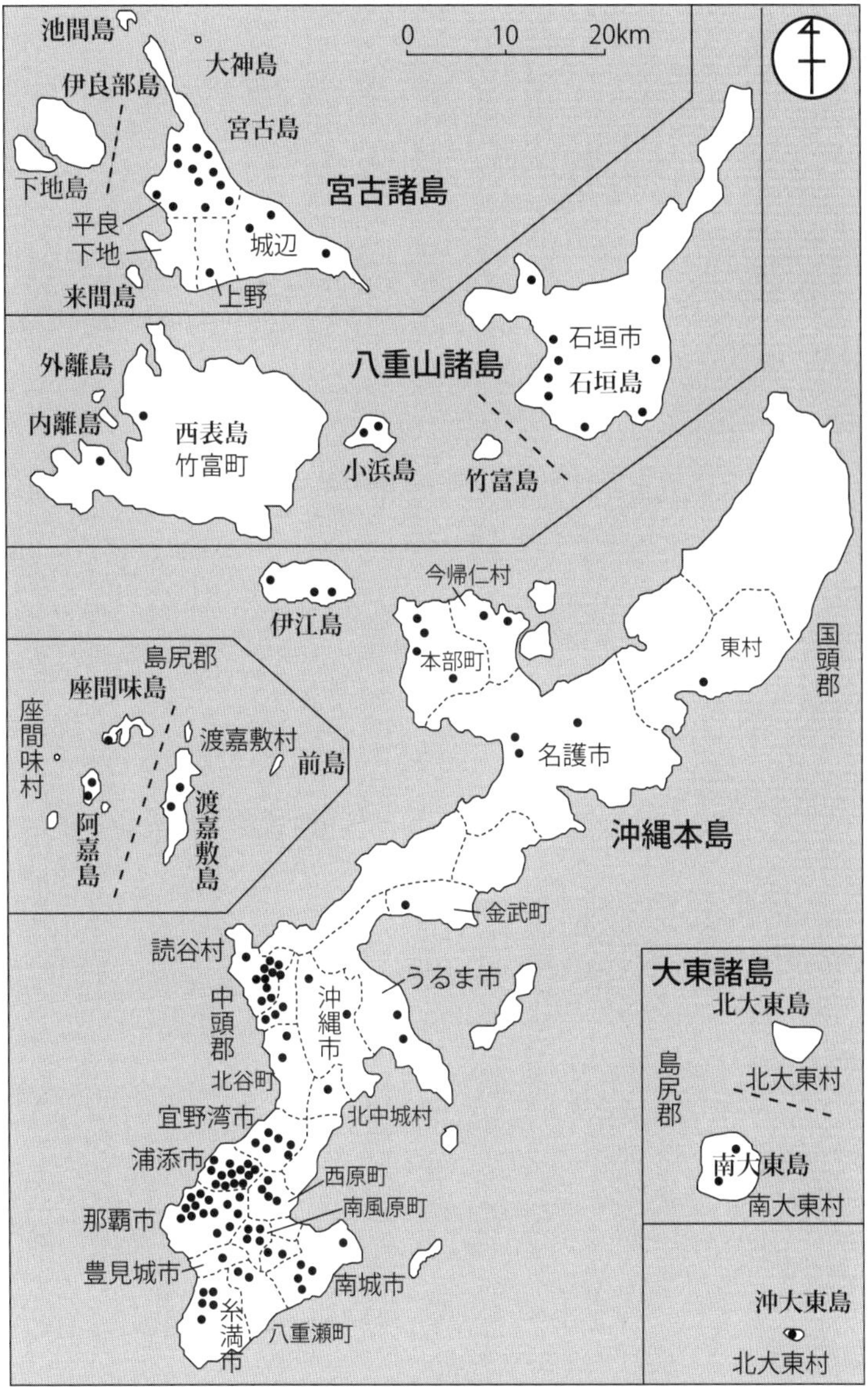

「第5回全国女性史研究交流のつどい報告集」（1994年発行）に掲載されたマップに、現在の市町村名を反映させた。

ルポライターの西野留美子氏は、「『慰安婦』にされた韓国の女性の証言に多い、だまされたというケースは、当時も誘拐罪であった。これは強制連行と言わざるを得ない」と解説している。

私の手もとに『昭和十九年十二月　内務規定　山《やま》第三四七五部隊』というマル秘文書のコピーがある。内容は「軍人倶楽部ニ関スル規定」となっていて、以下のような項目が並んでいる。(「山部隊」は第24師団の通称)

◆「軍人倶楽部業務分担表」
部隊副官…軍人倶楽部に関する全般の業務を処理す。

各大隊副官…主として倶楽部内に於ける内務及其の使用に関する状況を審にすると共に広く各隊の意見を聴取し之が改善向上に努む。

主計将校…経理に関する協力事項を処理するものとす。

軍医将校…主として検黴其の他衛生に関する事項を処理す。
◆「軍人倶楽部ニ関スル規定」

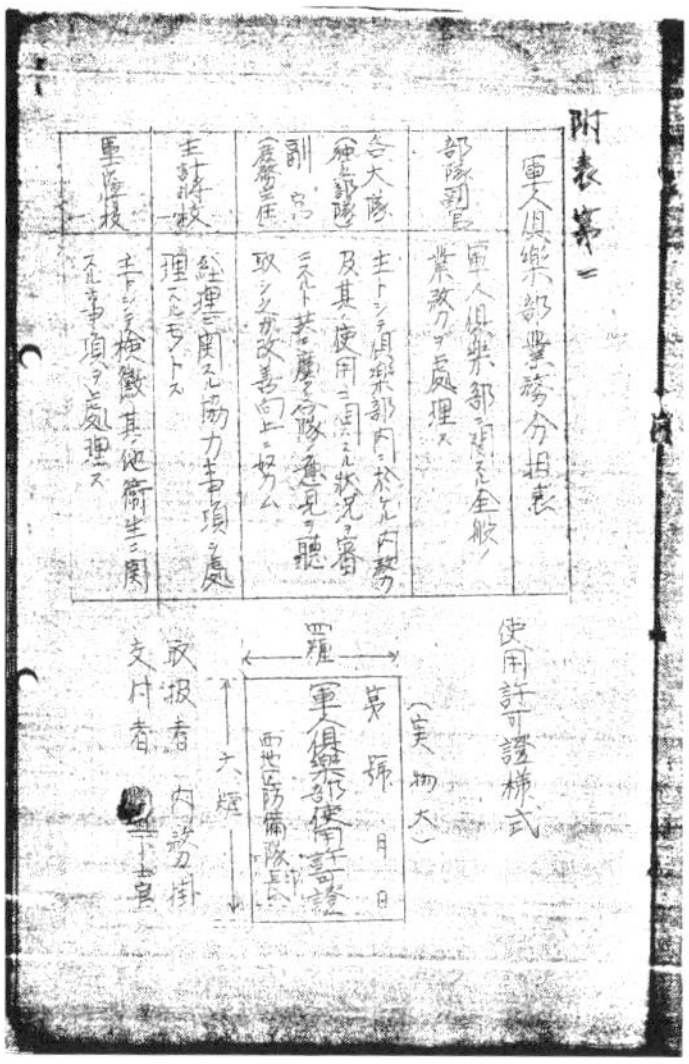

軍人倶楽部業務分担表

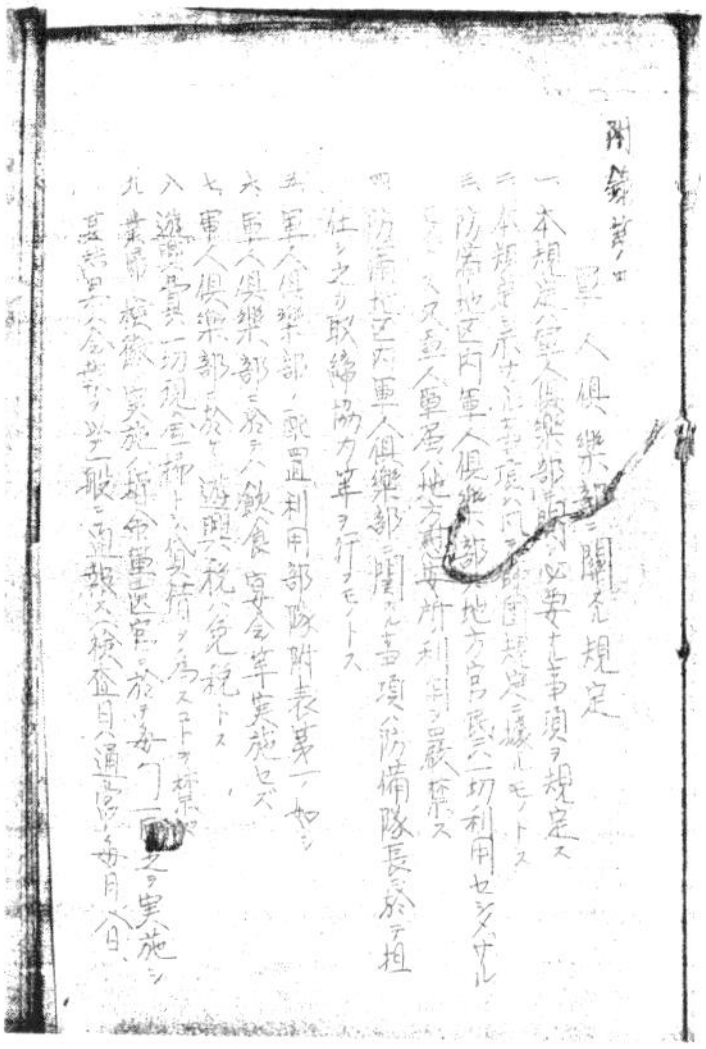

軍人倶楽部ニ関スル規定

3．防備地区内軍人倶楽部ハ地方官民ニハ一切利用セシメザルコト、又軍人軍属ハ地方慰安所ノ利用ヲ厳禁ス。

9．業婦ノ検黴ノ実施ハ指命軍医官ニ於テ毎旬一回之ヲ実施シ、其の結果は会報ヲ以テ之ヲ実施シ其ノ結果ハ会報ヲ以テ通報ス（検査日ハ通常毎月八日、十八日、二十八トシ時刻ハ其ノ都度示ス）。右検査ニハ憲兵立会ス。

10．前条検査に依り不合格トナリタルモノハ治癒スル迄接客ヲ禁ズ。

本来、国内駐屯の部隊に軍人専用の慰安所など設置できないはずである。泉守紀県知事もこの原則を盾にして、沖縄守備軍の慰安所設置計画には強く反対してきた。ところが沖縄戦直前になって沖縄へ移駐してきた第32軍は、沖縄県を例外的に「準外地」とみなして、何としても慰安所の設置を押し通そうとした。

沖縄防衛のために急きょ新設された沖縄守備軍（第32軍）に編入された部隊のほとんどは、満州や北支の戦線から移駐してきた歴戦部隊が中核になっていた。広大な大陸戦線で長年戦ってきた関東軍は、「従軍慰安婦」制度の産みの親でもあった。

シベリア出兵や満州事変など外地で長年たたかってきた関東軍にとって、最大の悩みは将兵たちの性病の多発や現地女性に対する強姦事件の多発であった。とくに黴毒《ばいどく》の脅威は大きく、「敵弾で失う兵力よりも性病で失う兵力のほうが上回る」という惨状だった。苦肉の策として、性病や強姦事件対策のために創設したのが従軍慰安婦制度であったのだ。

このような軍部の専横に対して強く抵抗したのが、第二六代沖縄県知事・泉守紀《しゅき》であった。皇土（本土）の一部である沖縄県内に、植民地同様の従軍慰安婦制度をもちこむことは認められないと強く抵抗した泉知事は、やがて「決戦前夜に六〇万県民を見捨てて本土に逃げた卑怯な知事」といった「汚名」を着せられることになる。

前述の泉知事の更迭《こうてつ》問題には、知られざる深い事情があったのだ。

❇戦艦大和はなぜ出撃したか

さきごろ九州地区の民放局のラジオ番組コンテストがあって、私も審査委員として出席したが、参加作品のなかに「戦争の語り部たちの証言」と題して、戦艦大和と巡洋艦矢矧《やはぎ》の二人の生存者の体験談で構成した番組があった。制作者の意図として「戦争体験者が年々減少していくなか、死と向き合いながら、必死の思いで生還した二人の体験談を通して戦争の残酷さ悲惨さを伝えていきます」と述べていたが、たしかに遭難現場の体験談には迫力があるもののアジア太平洋戦争の終末を象徴するような「大きな事件」を二人の水兵の「小さな体験」だけで伝えるにはムリがあるとの理由で入選には至らなかった。

ところで、審査会の懇談の席で、「本土の若者たちのあいだに戦艦大和やゼロ戦や戦車などの兵器ブームが流行っている」と聞いて驚いた。いささか沖縄戦の記憶をもっている者にとっては心おだやかではない。少なくとも、「戦艦大和はなぜ出撃したのか？」「本土からの援護を断たれた沖縄の戦場はどうなったか？」くらいは若い「戦争マニアたち」にもぜひ知ってもらいたくて、以下に戦場秘話を二題紹介しておきたい。

【その1】戦艦大和の出撃

一九四五（昭和二〇）年四月六日、戦艦「大和」は巡洋艦「矢矧」と駆逐艦八隻をひきいて豊後《ぶんご》水道から出撃した。めざすは沖縄本島を包囲している敵艦隊である。連合艦隊はすでにおおかたの主力艦を失い燃料も底をついていたから、これだけが実働できる最後の帝国海軍の艦隊となった。

大和部隊は片道分の燃料しか積めなかった。それほど燃料不足は逼迫《ひっぱく》していたのである。そのうえ、援護の航空部隊をつける余裕もなかった。単独で盲目的に敵陣に斬り込んでいくようなものである。正式名称も「第一遊撃部隊」、つまり海上特攻部隊である。自殺行為にもひとしい沖縄突入作戦には各方面から反対もあったが、海軍としては四月六日に発動させた「菊水《きくすい》作戦」が総力投入の特攻作戦である以上、連合艦隊のシンボルである「大和」も率先して出撃させなければならない事情があったのである。

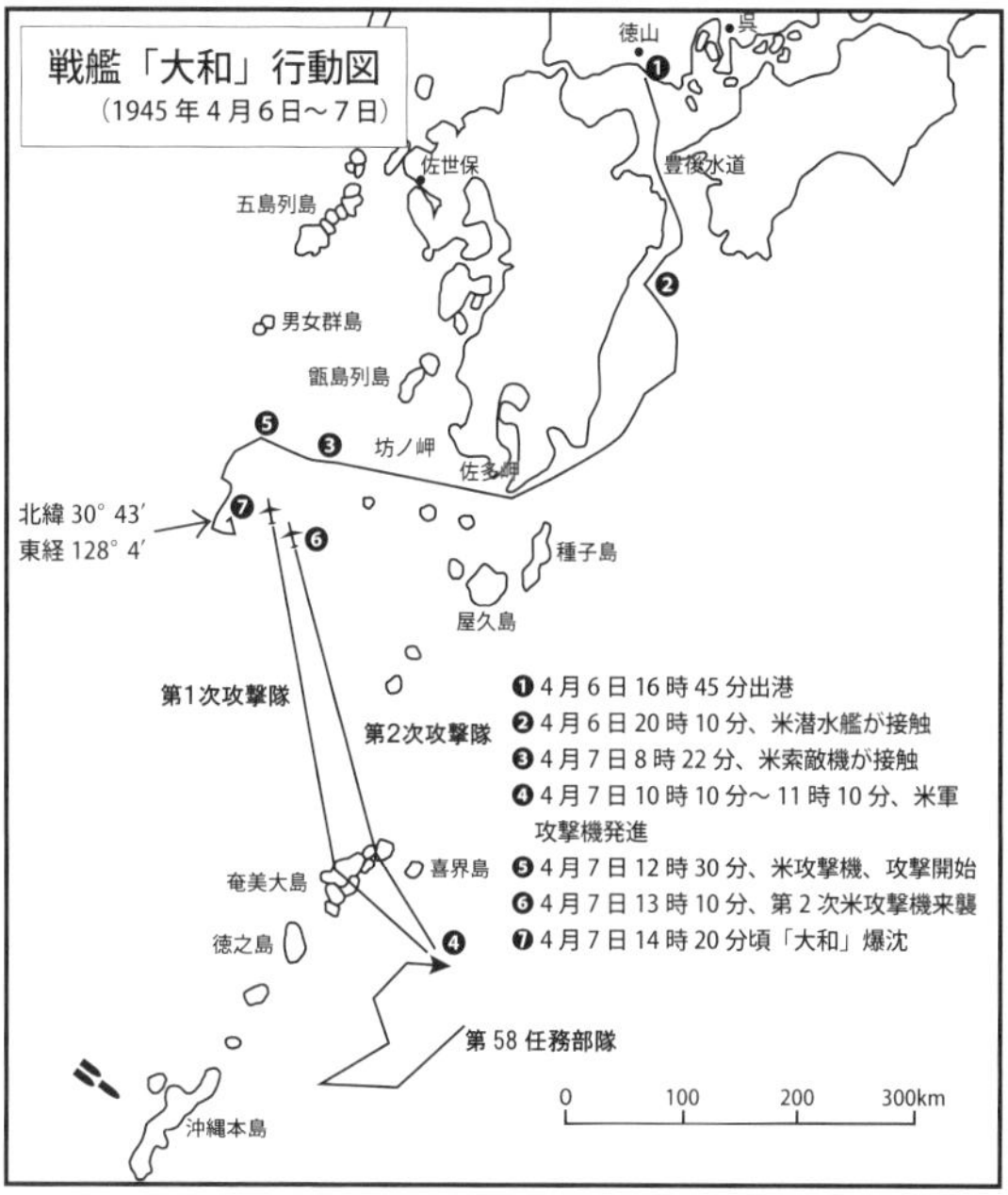

「大和」の出撃は予想外のあっけない結末に終わってしまった。豊後水道を発進した直後から敵潜水艦に発見され、翌七日の正午すぎには艦載機の大編隊に襲撃され、わずか二時間の戦闘で「大和」以下の主力艦はほとんど撃沈されてしまった。九州を離れることわずか一二〇海里の地点であったから、かつて世界最強を誇った「浮かべる城」も沖縄作戦にはなんらの貢献もできないうちに、海の藻屑と化したのである。

戦艦「大和」の最期は、日米の戦力差をまざまざとみせつけた象徴的な「事件」であったし、かつての大艦巨砲時代にとってかわった航空主力時代の到来を象徴する戦訓にもなった。だが、問題はそれだけではない。むしろ敗因は日本軍の内部にひそんでいた。

大和艦隊が惨敗した最大の原因は航空部隊の援護がついてなかったことにある、といわれている。驚くべきことに偵察機さえついてなかったのである。陸海空の協同作戦のまずさは帝国陸海軍の宿命的欠陥といわれてきたが、こうした作戦の不統一は沖縄現地の戦場でも意外な事態をひきおこしていた。

第一次菊水作戦は大戦果ではないにしても、米攻略軍にかなりの損害と心理的動揺を与える効果はあった。だが、作戦の主目的である北・中飛行場の奪回は達成できなかった。肝心の地上部隊（第32軍）が航空部隊に呼応して総攻撃に出るはずだったのが、直前になって作戦計画を中止してしまったのだ。

沖縄守備軍と沖縄県民が、総力あげて建設した一五か所の飛行場は米上陸部隊に占領されたまま奪回できず、逆に米軍の本土攻撃の発進地として逆用される始末だったのだ。

沖縄作戦が混乱した原因には、「本土決戦」（決号作戦）をめぐる陸・海軍の意見の対立があったといわれている。大本営陸軍部は、一九四五年はじめから本土決戦の準備をはじめていた。米軍の本土進攻を九月ごろとみて、決戦態勢の確立に躍起になっていた。

地上戦力だけでも約五〇個師団を増設する計画があったため、沖縄作戦への支援どころではなかったのだ。陸軍中央部では〝沖縄切り捨て〟論は早くから持ち上がっていたのである。

ところが海軍の方は本土決戦構想に消極的で、あくまで沖縄決戦にこだわった。沖縄守備軍が壊滅したあとも特攻機を送り続け、八月一六日、航空特攻作戦の最高責任者である宇垣纏《うがきまとめ》司令長官が自ら最後の特攻機に搭乗して幕をおろすまで続行したのである。海軍が沖縄決戦にこだわった理由は、本土決戦になった場合海軍の出番はなくなる、残存する海軍兵力をはなばなしく投入できる最後のチャンスが「沖縄決戦」だったのだ。

【その2】陸海空の全面特攻作戦

特攻の歴史は一九四四年一〇月二五日に、フィリッピンのクラーク基地から「神風特別攻撃隊」の「敷島隊」が進発したことに始まる。それより以前にも真珠湾特別攻撃隊などの名称はあったが、これは「決死隊」であって、厳密には「特攻隊」とはいえない。「決死隊」の場合は生還の可能性は残されているが、「特攻」の場合は「自爆」することで目的が達成されるのであって、死への一本道しか与えられない。

特攻の生みの親といわれる大西瀧次郎中将でさえ、「特攻は統率の外道」とまで言わしめたほど、戦史に前例のない異常な戦法だったのである。ところが、沖縄戦ではこれほど重大な「外道戦法」が、大本営の作戦方針として公然と全面的に採用されたのである。

沖縄守備軍（第32軍）の牛島満軍司令官は、昭和二〇年二月一五日付で「沖縄作戦の撃敵合言葉」を発令した。「一機一艦船・一艇一船・一人十殺一戦車」が合い言葉であった。

「一機一艦船」とは、日本軍の大型爆弾を抱いた戦闘機一機でもって、沖縄島を包囲している無数の米軍艦隊に体当たりして、戦艦一隻を撃沈する戦法だった。

「一艇」とは、沖縄諸島の海岸線に構築された数百の横穴壕に秘匿された特攻艇マルレのことで、一人乗高速艇の舳先《へさき》には強力な爆薬が装填してあって、島を取りまく敵艦に体当たりして、敵輸送船一隻と差し違える戦法である。

そして「一人十殺一戦車」とは、地上戦において、爆雷を背負った兵士や義勇隊員が敵の陣地に夜襲をかけて、銃剣と手榴弾で敵兵一〇名を殺し、最後に急造爆雷を背負って敵戦車のキャタピラの下に飛び込んで、戦車もろとも自爆するという肉弾戦法である。

終戦直後、各地の激戦地跡で米軍戦車の残骸が放置されていたのを私も覚えているが、それらは人間爆雷となって敵戦車とともに消えていった若者たちの墓標だったのである。

「陸の特攻」に参加した若者たちのなかには、鉄血勤皇隊に編成された学徒隊や男女青年団の義勇隊なども含まれていたのである。

■――エピローグ

❇「沖縄の心」とは？

一九八五年七月ごろ、本土復帰から一三年が経過して復帰混乱もようやく落ち着いたころ、『朝日新聞』の連載「新人国記85・沖縄県編」で、当時の西銘《にしめ》順治《じゅんじ》県知事が、「沖縄の心とは何か」という記者の問いに、「それはヤマトンチュー（大和人）になりたくて、なりきれない心だろう」と答えたところから、各方面に大きな波紋を広げた。

「沖縄人が自らの運命を決めきれなかった痛みへの反発だろう」とか、「ヤマト指向を心の根っこに抱きながら異化を指向し、ヤマトに同化された歴史への反省だろう」など、さまざまな解釈が飛びかったあげく、「日本に復帰した沖縄人は日本人になろうとしてもなりきれない劣等感をいだいている」といった、ネガティブな文脈で解釈する向きもあった。

談話記事だから舌足らずになるのもやむを得ないが、その後、地元紙の談話記事では、「ヤマトンチューになろうと思ってもなりきれないという、ウチナーンチュとしての特色があるんじゃないですか。それが一番大事じゃないですか」「それが自治の心、県政を担当する者の心だと思う。文化を愛する、沖縄をこよなく愛する心構えが大事なんじゃないか」(『琉球新報』七九年一月)などと、むしろポジティブな意味をこめている。

これなら多くの沖縄人が納得できるだろう。いずれにしても、「沖縄の心」という言葉は、沖縄社会ではひんぱんに使われるキーワードで、とくに祖国復帰運動(沖縄返還運動)の高まりのなかで沖縄と本土の連帯の合言葉として叫ばれた歴史的な用語でもあった。

だから沖縄語のクガニクトゥバ(黄金言葉)の一つに加えてもいいと思われるのだが、語意が抽象的で内容が漠然としているきらいがあるためか、私が知るかぎりどの辞典(事典)をひいても明快な定義は見あたらない。

ところがある場所に、真っ正面から「沖縄の心とは……」と定義した文章がある。どこだろうか?

1975年6月に開館した旧沖縄県平和祈念資料館の展示。県民の証言や解説がなく全面撤去された。

一九七五年五月、復帰記念三大事業の最大のイベントとして、日本政府が主催する沖縄海洋博覧会（海洋博）が開催されることになった。これに関連して県立沖縄平和祈念資料館の設立が、にわかにもち上がった。海洋博総裁として来訪する皇太子（現上皇）の、公式訪問ルートに設定されるという。

政府から一億三〇〇〇万円の補助金が出て、突貫工事が始まった。上から押しつけられた棚ボタのプロジェクトだから、県の対応もずさんで、基本計画を練る余裕もなく、県民の意見はほとんど反映されず、政府とつながりの強い（財）沖縄県戦没者慰霊奉賛会へすべて丸投げして、どうにか海洋博オープンに間に合わせて開館したのだった。

さっそく参観に訪れてみて、唖然となった。展示資料のほとんどが旧日本軍の銃砲器、戦闘用具、軍人精神を讃える遺品類を陳列しただけで、沖縄戦の最大の犠牲者である県民の戦場体験をものがたる資料や解説は、皆無である。靖国神社の沖縄分館といっても過言でないほどの徹底した沖縄無視・県民無視の展示は、復帰後の沖縄の運命を暗示するような慄然たる光景であった。

　そこで沖縄県史や市町村史や歴史教育、平和教育、博物館学芸員などの有志が集まって、「沖縄戦を考える会」を結成し、軍隊本位・県民無視の現展示を全面的に撤去して、歴史の真実に基づいた県民本位の展示に改善すべきだという意見書を発表した。

　私たちの訴えに、まっさきに反応したのが屋良《やら》朝苗《ちょうびょう》知事であった。

　知事は自ら開館まもない資料館展示を視察して、即座に全面撤去を決断した。かわりに展示改善作業には、言い出しっぺの沖縄戦を考える会が全面的に協力するという条件つきであった。

　県当局は、さっそく私たちの提言にこたえて、県内の有識者で構成する県立平和祈念資料館運営委員会を設置した。沖縄戦を考える会の事務局長をつとめていた私も委員に委嘱された。

運営委員会の最初の作業は、平和祈念資料館の設立基本理念を明確に文章化することであった。

素案は私が起草したが、検討会議は数カ月におよんだ。基本理念は、以下の三本柱にしぼられた。

1、沖縄戦の定義＝アジア太平洋戦争の最終段階での日本で唯一の激しい地上戦であること

2、沖縄戦の特徴＝住民の戦場犠牲者が軍人を上回ったこと

3、県民の戦争体験を結集して資料館をつくること

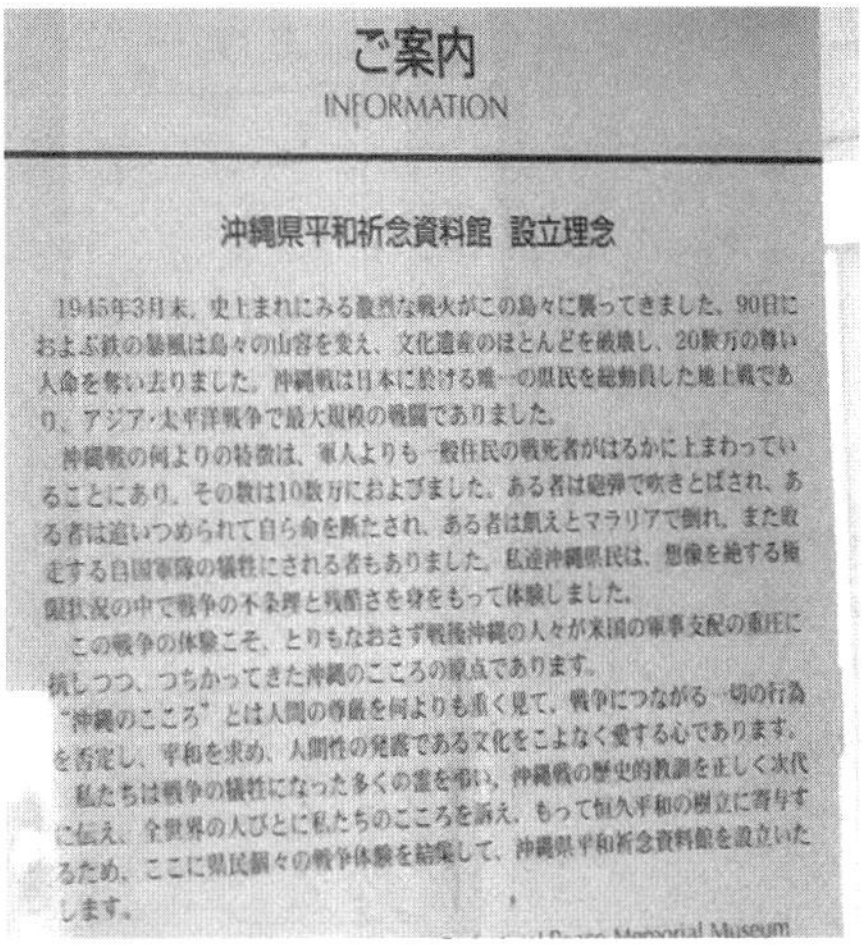
ご案内
INFORMATION

沖縄県平和祈念資料館　設立理念

1945年3月末、史上まれにみる激烈な戦火がこの島々に襲ってきました。90日におよぶ鉄の暴風は島々の山容を変え、文化遺産のほとんどを破壊し、20数万の尊い人命を奪い去りました。沖縄戦は日本に於ける唯一の県民を総動員した地上戦であり、アジア・太平洋戦争で最大規模の戦闘でありました。

沖縄戦の何よりの特徴は、軍人よりも一般住民の戦死者がはるかに上まわっていることにあり、その数は10数万におよびました。ある者は砲弾で吹きとばされ、ある者は追いつめられて自ら命を断たされ、ある者は飢えとマラリアで倒れ、また敗走する自国軍隊の犠牲にされる者もありました。私達沖縄県民は、想像を絶する極限状況の中で戦争の不条理と残酷さを身をもって体験しました。

この戦争の体験こそ、とりもなおさず戦後沖縄の人々が米国の軍事支配の重圧に抗しつつ、つちかってきた沖縄のこころの原点であります。

"沖縄のこころ"とは人間の尊厳を何よりも重く見て、戦争につながる一切の行為を否定し、平和を求め、人間性の発露である文化をこよなく愛する心であります。

私たちは戦争の犠牲になった多くの霊を弔い、沖縄戦の歴史的教訓を正しく次代に伝え、全世界の人びとに私たちのこころを訴え、もって恒久平和の樹立に寄与するため、ここに県民個々の戦争体験を結集して、沖縄県平和祈念資料館を設立いたします。

掲示されている沖縄県平和祈念資料館の設立理念

私はこの内容全体を包みこむ基本理念として、「沖縄の心」というキーワードを用いたかった。この文句は、戦後一貫して復帰運動の陣頭指揮をとってきた屋良朝苗氏が、演説会などで好んで用いる常套句《じょうとうく》と

「沖縄の心」を伝える沖縄県平和祈念資料館（奥）と平和の礎（手前）

して知られていた。「これを落としては仏つくって魂いれず」になる。他の委員もみな同感だったが、ただし「沖縄の心」とは何か、という用語の定義になると意見はまちまちだった。

「沖縄の心とは何か？」という議論が数回にわたって交わされ、文案も何度も練り直されて、最終的に次のような文言に落ち着いた。

「……この戦争の体験こそ、とりもなおさず戦後沖縄の人々が米国の軍事支配の重圧に抗しつつ、つちかってきた〝沖縄のこころ〟の原点であります。〝沖縄のこころ〟とは人間の尊厳を何よりも重くみて、戦争につながる一切の行為を否定し、平和を求め、人間性の発露である文化をこよなく愛する心であります。

……」

「沖縄県平和祈念資料館の設立理念について」と題する文章は、現在の新館にも引き継がれて資料館の入口に掲示してある。

大城 将保（おおしろ・まさやす）

沖縄戦研究者・作家。
1939年、沖縄県玉城村（現南城市）に生まれる。沖縄史料編集所主任専門員として沖縄県史の編纂にたずさわった後、県教育庁の文化課課長、県立博物館学芸課長等をへて、県立博物館長をつとめる。沖縄戦研究者として、著書に『沖縄戦』『沖縄戦の真実と歪曲』『石になった少女』（共に高文研）『沖縄戦を考える』（ひるぎ社）共著書『修学旅行のための沖縄案内』『沖縄戦・ある母の記録』『観光コースでない沖縄』（共に高文研）など、また作家として嶋津与志の筆名で『琉球王国衰亡史』（平凡社）『かんからさんしん物語』（理論社）など、さらに戯曲「洞窟（がま）」「めんそーれ沖縄」、映画「GAMA—月桃の花」などのシナリオ作品がある。

「沖縄人スパイ説」を砕く
◉私の沖縄戦研究ノートから

●二〇二〇年 六 月二三日 ——————— 第一刷発行

著　者／大城　将保

発行所／株式会社 高文研
東京都千代田区神田猿楽町二—一—八
三恵ビル（〒一〇一—〇〇六四）
電話03＝3295＝3415
http://www.koubunken.co.jp

印刷・製本／三省堂印刷株式会社

★万一、乱丁・落丁があったときは、送料当方負担でお取りかえいたします。

ISBN978-4-87498-726-1 C0036